做自己人生的卓越导演

6P定位人生规划

何勇明 / 著

中国商业出版社

图书在版编目（CIP）数据

做自己人生的卓越导演：6P定位人生规划 / 何勇明 著. --北京：中国商业出版社, 2018.5
ISBN 978-7-5208-0402-8

Ⅰ.①做… Ⅱ.①何… Ⅲ.①人生哲学—通俗读物 Ⅳ.①B821—49

中国版本图书馆 CIP 数据核字(2018)第 121472 号

责任编辑：朱丽丽

中国商业出版社出版发行
(100053 北京广安门内报国寺 1 号)
010-63180647 www.c-cbook.com
新华书店经销
天津中印联印务有限公司

*

720 毫米×1000 毫米　1/16 开　13 印张　165 千字
2018 年 8 月第 1 版　2018 年 8 月第 1 次印刷
定价：42.00 元

****

（如有印装质量问题可更换）

序　言

英国作家狄更斯有一段名言:"这是一个最好的时代,这是一个最坏的时代;这是一个智慧的年代,这是一个愚蠢的年代;这是一个光明的季节,这是一个黑暗的季节;这是希望之春,这是失望之冬;人们面前应有尽有,人们面前一无所有;人们正踏上天堂之路,人们正走向地狱之门。"

其实,这段话用在今天这个时代,似乎也比较合适。如果是用在个人身上,似乎也颇有道理。当然,我是想以此来划分有规划的人生和没有规划的人生。而依照歌德的说法:"谁要是游戏人生,谁就一事无成;谁不能主宰自己,谁永远是一个奴隶。"我这个划分,显然也不为过。

有的人说人生是一场漫无目的的旅行,但在我看来,人生则是一场有规划的修行。如果我们没有办法规划人生,那么我们极容易在众多选择中失去方向。而只有走在有的放矢的人生道路上,我们才会活出优雅,活出精彩,活出完美。

有道是:一艘没有航行目标的船,任何方向的风可能都是逆风;一个没有目标的人,他可能难以找到人生的方向。或许,人生成功就是从选定目标开始的。

我们看《三国演义》,发现在诸葛亮进场之前,刘备虽然胸怀大志,曹操都称他为英豪,但是他却弃新野,走樊城,败当阳,奔夏口,几乎没有容身之地,

处处仰人鼻息。而三顾茅庐见到诸葛亮后,他立时鸟枪换炮,似乎换了个人一般,人生事业开始风生水起。为什么会这样?

其实,就是因为刘备前半场缺乏人生规划。诸葛亮一出场就给刘备设计了一套人生事业的规划,就是有名的《隆中对》。

为何诸葛亮为他量身定做的人生规划这么重要呢?因为这让刘备找到了新的方向,和实现目标的办法。

刘备是汉末群雄里起步最低、身世最差、本钱最少的。两个铁杆关二爷和张飞都是寒门身世。因此刘备前半辈子由于自个本钱少,走的全都是借鸡生蛋的路数。没钱没粮没兵没地盘的刘备,光靠名声施展乾坤大移动,用别人的资源做自个的事儿。当然这是本事。

假如没有诸葛亮改变刘备的战略思路,他是想不到占荆州图谋巴蜀的。自从诸葛亮为他设计了一套人生规划之后,刘备则如虎添翼,一飞冲天。

《礼记·中庸》说:"凡事豫(预)则立,不豫(预)则废。言前定则不跲,事前定则不困,行前定则不疚,道前定则不穷。"任何事情,事前有准备就可以成功,没有准备就要失败;说话先有准备,就不会理屈辞穷站不住脚;做事先有准备,遇到困难挫折就好应对;行事前计划先有定夺,就少些后悔的事;做人的道理能够事先决定妥当,做事就会更顺利。

特别值得一提的是,制定人生规划可不是一桩想啥是啥的简单事儿,而是一门大学问。我正是在深入总结分析及自我实践的基础上,才开发出了6P定位人生规划技巧。

所谓6P定位人生规划,就是将人生规划分为6个力,即使命力(Mission Power)、定位力(Location Power)、信念力(Belief Power)、选择力(Choice Power)、行动力(Action Power)和目标力(Target Power)。因为英文单词中都

序 言

有一个字母P，所以称为6P定位人生规划。通过这6个方面的阐述，使大家明确人生规划的目的、意义、价值、方法、步骤、注意事项等等，以使更多的人享受到一个幸福快乐、精彩纷呈的人生过程。

我自2001年开始专业从事企业培训后，就开始大量研究古今中外取得成就的伟人领袖和成功人士，如爱迪生、特蕾莎修女、老子、孔子、稻盛和夫、比尔·盖茨、马云、乔布斯、李嘉诚等等，发现他们具有共同的特点，就是在早年都制订了具体的人生规划，而且他们的人生规划都是围绕上图中的6P定位而展开的。

于是，我就开始按照6P定位的方法来制订自己的人生规划。逐渐地，我发现我的人生发展越来越好，企业培训的道路走得越来越顺，帮助的人群也越来越多。

后来，我的一名学员小霞遇到了困惑，6P定位的方法也帮助到了她。她是纺织厂的下岗女工，她的孩子在学校被老师歧视，班主任老师经常把她叫到学校去挨训，爱人与她之间也经常有些争吵，自己的工作也不顺利。当她找到我的时候，我就建议她用我的6P定位人生规划来改变自己，她同意照做。她的使命力是要帮助身边的人过上幸福生活，定位力是定位自己做一位有智慧的国学培训师，坚信家庭和事业一定能够发生好转，选择跟我学习演讲培训、学习国学、修炼国

学,每天修炼自己。一年后,她的家庭开始发生改变,孩子在学校与老师和同学相处很好,成绩开始不断上升,与爱人的关系越来越和睦,她现在已经是一位著名的国学培训师,主讲课程《国学智慧与五伦关系》。

还有一位学员,十年前他是一个集团公司下属糖厂的车间工人。听了我的"6P定位职业生涯规划"课程后,按照我的6P定位方法来规划自己的人生,现在已经是集团公司董事会智囊团的管理专家。

十几年来,我为中国华电、中国移动、中国石油等众多企事业单位做过6P定位职业规划的企业培训,课堂上已经帮助成千上万员工用6P定位进行职业规划和人生规划。

总之,要想成为自己人生的卓越导演,就从6P定位人生规划开始吧!

目 录

第一章 经过思考与规划的人生更有价值 / 1

没目标的人生叫流浪,有目标的人生叫航行 / 2

多么忙不重要,忙什么才重要 / 6

自己不能做主,别人就会为你做主 / 9

不在于站在何处,而在于要朝哪个方向走 / 12

只有觉醒者,才谈得上人生规划 / 16

清楚去哪里,整个世界都会为你让路 / 19

第二章 用 6P 定位规划来管理自己的人生 / 23

什么是 6P 定位人生规划 / 24

6P 定位人生规划原理 / 32

　　原理一:身心灵合一原理 / 32

　　原理二:生命流动原理 / 35

　　原理三:推拉原理——推力与拉力 / 37

"将军赶路,不追小兔" / 39

管理人生,从认识到"失控"开始 / 42

想改变世界,先改造自己 / 44

第三章 有目标的人生才有意义——目标力的修炼 / 47

读者体验游戏 / 48

没有目标的人生等于盲人骑瞎马 / 49

目标力是 6P 定位人生规划的核心 / 51

不要把手段当作人生目的 / 53

追求人生价值的不断升华 / 56

由低向高，循序渐进 / 58

确定目标力的原则 / 61

——明确具体原则 / 61

——时间期限原则 / 68

——可衡量原则 / 69

——相关联原则 / 70

——可实现原则 / 71

——激励原则 / 72

如何利用复盘来推动目标的完成 / 75

第四章　不忘初心，方得始终——使命力的修炼 / 77

人生之大幸是发现自己生活的使命 / 78

使命使我们关注自己的核心事业 / 80

使命力决定人生的境界 / 83

使命的确立应兼顾三个因素 / 86

使命力的修炼方法 / 88

——爱己法 / 89

——助人法 / 90

——爱世界法 / 93

——宽恕法 / 94

——一日身心灵法 / 96

目录

第五章　你认为你是谁，你就是谁——定位力修炼 / 99

　　人生不过是角色扮演 / 101

　　心有多大，世界就有多大 / 104

　　战胜自己的人才是真强者 / 106

　　自我定位与社会定位相协调 / 109

　　定位力的修炼方法 / 113

　　　　——反思法 / 113

　　　　——冥想法 / 117

　　　　——朗诵法 / 118

　　　　——模仿法 / 120

　　　　——认定法 / 121

第六章　信念是自己掌握命运的罗盘——信念力修炼 / 123

　　信念力源自强烈的愿望 / 124

　　志不强者智不达 / 127

　　命运不会怜悯向它低头的人 / 130

　　信念体现在日常行为所遵循的原则中 / 132

　　信念力的修炼方法 / 134

　　　　——想 / 135

　　　　——念 / 137

　　　　——写 / 137

　　　　——做 / 138

　　　　——排 / 139

第七章　欲善其事，先利其器——选择力修炼 / 143

　　鸟儿要会飞，羚羊要会跑 / 144

　　欲揽瓷器活，先有金刚钻 / 147

磨刀不误砍柴工 / 149

学出来的是知识，练出来的是本事 / 152

选择力的修炼方法 / 154

  ——演讲力修炼法 / 155

  ——沟通力修炼法 / 157

  ——创新力修炼法 / 159

  ——领导力修炼法 / 160

  ——分析力修炼法 / 162

第八章　理想再好，终须行动去实现——行动力修炼 / 165

夜里想了千千万，白天照样拉磨转 / 166

一个行动胜过一打纲领 / 168

从行为到习惯必须有一个过程 / 170

挫折是压力，更是动力 / 173

行动力的修炼方法 / 175

  ——分解法 / 176

  ——聚焦法 / 180

  ——坚持法 / 181

  ——提效法 / 182

  ——情绪控制法 / 185

结语　人生规划的控制与调整 / 187

参考资料 / 192

名家推荐 / 193

感恩致谢 / 194

第一章

经过思考与规划的人生更有价值

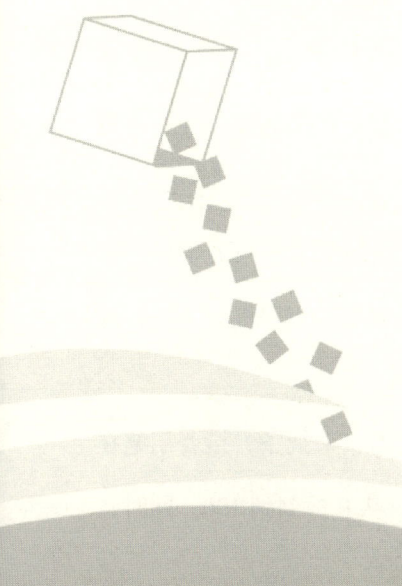

做自己人生的卓越导演
——6P定位人生规划

到底什么时候最恐惧？不是没有钱的时候，也不是没有机会的时候。实际上人生最恐惧的时候，是找不到人生的方向时。有了方向，其实所有的困难都不是困难。

人生如大海航行一样，如果你不明确你的方向，你就不可能到达任何你想要去的地方。21世纪信息化的智能时代已经到来，速度、多变和危机是这个时代的特征。我们每个人都感到了强大的压力，如何才能应对未来？如何让自己在这个充满竞争的环境下取得人生的成功？值得我们每个人思考。

大凡有气魄之人，常常在早年就对自己未来的人生做好规划而且语出惊人。比如明朝开国皇帝朱元璋有诗："天为帐幕地为毯，日月星辰伴我眠。夜间不敢伸长腿，恐把山河一脚穿。"古人云："非常之事，须非常之功。非常之功，须非常之人。非常之人，须非常之气。"这就告诉我们一个人要成就大事，须养成非常之气魄，从早规划。

没目标的人生叫流浪，有目标的人生叫航行

有道是，人生苦短，转瞬即逝。所以庄子才说："人生天地之间，若白驹之过隙，忽然而已。"生命对于我们每个人都只有一次，谁都不可能重新来过，所谓"花有重开日，人无再少年"。对于这有限的人生，我们该如何度过呢？到退休之前，我们真正剩下的工作时间又有多少呢？

因此，每次在我的6P定位职业生涯规划课堂上，我都要带领我的学员一起来做一个"生命之旅"游戏，共同体验时间飞逝，人生规划的重要性。下面，我们就一起来体验一下吧！

首先，请您在A4纸上撕下来1厘米宽，20厘米长的一个纸条，接着用笔在纸条中间画一条横线，并且将这个纸条平分成10等份，从0标刻到100。同时，

第一章 经过思考与规划的人生更有价值

放上背景音乐《时间都去哪儿啦》。开始随着我的引导来撕纸条,看看自己现在已经活到了多少岁。如果是30岁,就从纸条上标的刻度30这个地方将纸条左边的部分撕下来狠狠地扔到桌子上,因为这些时光已经一去不复返了。紧接着将准备自己多少岁退休的刻度找到,假设是65岁,就从上面纸条上60与70标刻中间及右边所有部分纸条撕下来,狠狠地扔到桌子上,这是将来退休后的时光。接下来把从30到65中间剩下来的纸条平分成三等份:其中的一等份是我们每天晚上睡觉8个小时,什么事情也没有做,就把它撕下来狠狠地扔到桌子上;再有一等份8个小时是我们每天走在路上和吃喝拉撒以及生病生气闲聊发呆刷手机等花掉的时间,把它撕下来狠狠地扔到桌子上;最后剩下来的这一等份8小时是我们从现在到退休之前唯一在企事业单位工作的时间。现在将剩下来的纸片举得高高的,看一下自己还剩下多少真正工作的时间。

问题小贴士:请问读者朋友,此游戏给你带来什么启发和感悟呢?

在我的课堂上,学员们大都很感慨:"原来我们剩下的真正花在工作上的时间已经不多了,就这么一点点!"可见时间非常宝贵,如果我们再不在有限的时间内先给自己未来做个规划,定个目标,那么我们将会继续像以前一样虚度光阴,感叹人生苦短。

每个人来到人世上,几乎都会问到带有哲学意义的三个终极问题:"我是谁?我从哪里来?我要到哪里去?"

当然,这三个问题不仅关系到人生的终极意义,就是降低一些境界,也是与我们的世俗人生紧密关联的。古希腊的先哲苏格拉底说:"一种未经思考的生活是不值得过的。"

事实上,人们经常为周末度假而规划,为一次旅行而规划,为一顿早餐而规

划。但是,却很少思考一下自己的一生该如何度过。

我们从呱呱落地来到这个世界上,就是一个独立的生命个体,归根结底都要为自己的一生负责。一个对自己负责任的人,都会认真考虑自己这一生究竟应当如何度过,怎样才算没有虚度此生,怎样才算活得有价值有意义,因此,乔布斯说过"人活着就是为了改变世界"。

曾经缔造过两家世界五百强企业,被誉为日本"经营之神"的稻盛和夫先生认为,对这个纷乱浮躁的时代来说,最需要的就是从根本上质问"人为什么活着"。这是类似沙漠里洒水那样虚无或者在急流中打桩一样困难的事情。但是,他相信只有单纯而直率的质问才有更深远的意义。

比利时的《老人》杂志曾在全国范围内对60岁以上的老人开展了一次题为"你最后悔什么"的专题调查,结果如下:

72%的老人后悔年轻时努力不够,以致事业无成;67%的老人后悔年轻时选错了职业;63%的老人后悔对子女教育不够或方法不当;58%的老人后悔锻炼身体不够;56%的老人后悔对伴侣不够忠诚;47%的老人后悔对双亲尽孝不够;41%的老人后悔自己未能周游世界;32%的老人后悔一生过得平淡;11%的老人后悔没有赚到更多的钱。

看了上述调查结果,我们是否对他们后悔的事项有所规划?我们是否也会在年老的时候,有同样的后悔呢?

哈佛大学也曾有一个关于目标对人生影响的跟踪调查,调查对象是一群智力、学历、环境等各方面都差不多的年轻人。调查结果发现:27%的人没有目标,60%的人有较模糊的目标,10%的人有清晰而短期的目标,只有3%的人有清晰而长期的目标。25年后,哈佛大学再次对这群人进行了跟踪调查,结果显示:3%的人,在25年间朝着一个方向不懈努力,几乎都成为社会各界的成功人士,其中不乏行业领袖和社会精英；10%的人，他们的短期目标不断地实现，成为各个领域中的专业人士，大都生活在社会的中上层；60%的人，他们安稳地生活与工作着，但都没有什么特别成绩，几乎都生活在社会的中下层；剩下27%的人，他们的生活没有目标，几乎都生活在社会的最底层，生活过得很不如意，常常失业，靠社会救济，并常常抱怨他人、抱怨社会，当然，也抱怨自己。

调查者因此得出结论：目标对人生有巨大的导向性作用。成功在一开始，仅仅就是一个选择，你选择什么样的目标，就会有什么样的成就，就会有什么样的人生。成功的人生需要规划。

我们认为，这个世界是由两种人构成的，他们决定着社会的结构，无形之中区分着社会的等级。第一种人，他们在做决定之前，就已想过自己将会得到什么，该怎么做才能达到自己的目的。他们不相信命运的安排，坚信自己是个人世界的主宰，有能力决定自己的未来，决定人生的走向；第二种人，他们按照已有的习惯做事，无论做什么事都是信马由缰，觉得自己无法掌控命运，失去的与得到的都是命中注定的，不去想，更不会规划自己的人生。

这个世界上有70%的人属于第二种人，他们一生碌碌无为，虽然有时也会有幻想，但要么是一些脱离实际的遐想，要么就是停留在大脑皮层中的一种空想，总体来说，他们对自己的认识不够清晰，不能根据现有的资源设计自己的人生方向。或许他们中有10%的人会通过自己的努力获得一些专业特长，但因无法正确规划自己的人生，到最后只有极少数的人能够取得不错的成绩。

毋庸置疑，第一种人的数量很少，但他们才是生活中真正的强者。

有道是：没目标的人生叫流浪，有目标的人生叫航行；没规划的人生叫拼图，有规划的人生叫蓝图。凡事预则立，不预则废，成功的人生需要规划。没有规划，生命就像指尖上的流沙，终将一无所得。做好规划才能掌控人生的走向，成为心

想事成的自己。

问题小贴士：亲爱的读者，你愿意做上面说的第一种人，还是第二种人呢？

多么忙不重要，忙什么才重要

一般说来，今天的生活是由三五年前的选择决定的，而三五年后的生活是由今天决定的。

人与人之间的差异，其实很简单：你在赖床，他在锻炼；你在应付工作，他在用心工作；你在完成今天的计划，他在策划未来的计划。假期总比期待的短，但现在的努力都是为了将来毫不费力。

但是，这并不等于努力就是对的，也不等于忙就有效率。就说这个"忙"字吧，中国古人在造字的时候，"忙"的结构就是一个"心"，加上一个死亡的"亡"。有人整天说"忙"，可是问他究竟在"忙"什么？他的回答总是一句"瞎忙"，这样的人，并不一定是有价值、有意义的。

讲个故事：有一位老禅师，他发现自己有一个徒弟非常勤奋，不管是去化缘，还是去厨房洗菜，这个徒弟从早到晚，忙碌不停。

这个徒弟内心很挣扎，他的眼圈越来越黑，终于，他忍不住来找师傅。

他对老禅师说："师傅，我太累，可也没见什么成就，是什么原因呀？"

老禅师沉思了片刻，说："你把平常化缘的钵拿过来。"

徒弟就把那个钵取来了，老禅师说："好，把它放在这里吧，你再去给我拿几个核桃过来装满。"

徒弟不知道师傅的用意，捧了一堆核桃进来。这十来个核桃一放到钵里，整个钵就都装满了。

老禅师问小徒弟:"你还能拿更多的核桃往钵里放吗?"

"拿不了了,这钵已经满了,再放核桃进去就该往外滚了。"

"哦,钵已经满了是吗?你再捧些大米过来。"

徒弟又捧来了一些大米,他沿着核桃的缝隙把大米倒进钵里,竟然又放了很多大米进去,一直放到都开始往外掉了。徒弟才停了下来,突然间好像有所悟:"哦,原来这钵刚才还没有装满。"

"那现在满了吗?"

"现在满了。"

"你再去取些水来。"

徒弟又去拿水,他拿了一瓢水往钵里倒,在少半瓢水倒进去之后,这次连缝隙都被填满了。

老禅师问徒弟:"这次满了吗?"

徒弟看着钵满了,但却不敢回答,他不知道师傅是不是还能放进去什么东西。

老禅师笑着说:"你再去拿一勺盐过来。"

老禅师又把盐化在水里,水一点儿都没溢出来。

徒弟似有所悟。老禅师问他:"你说这说明了什么呢?"

徒弟说:"我知道了,这说明了时间只要挤挤总是会有的。"

老禅师却笑着摇了摇头,说:"这并不是我想要告诉你的。"

接着老禅师又把钵里的那些东西倒回到了盆里,腾出了一只空钵。

老禅师缓缓地操作,边倒边说:"刚才我们先放的是核桃,现在我们倒着来,看看会怎么样?"

老禅师先放了一勺盐,再往里倒水,倒满之后,当再往钵里放大米的时候,水已经开始往外溢了,而当钵里装满了大米的时候,老禅师问徒弟:"你看,现

在钵里还能放得下核桃吗?"

老禅师说:"如果你的生命是一只钵,当钵中全都是这些大米般细小的事情时,你的那些大核桃又怎么放得进去呢?"

徒弟这次才彻底明白了。

如果您整日奔波,异常忙碌,那么,您很有必要想一想:"我怎样才能先将核桃装进生命当中呢?如果生命是一只钵,又该怎样区别核桃和大米呢?"

如果每个人都清楚自己的核桃是什么,生活就简单轻松了。我们要把核桃先放进生命的钵里去,否则一辈子就会在大米、盐、水这些细小的事情当中,核桃就放不进去了。

生命是一只空钵,但是应该先放进去什么呢?什么才是你的核桃呢?

如此说来,其实现实中很多人的忙都属于瞎忙。

说到瞎忙,我们有多少人是这种状态:每天早晨上班打开电脑,腾讯自动弹出新闻网页,忍不住浏览下,挑有兴趣的打开看看;网页上却又自动弹出一款棉麻披肩,正好是自己喜欢的风格,打开链接,一发不可收拾,就这样,又上了淘宝。时间就这样一分一秒溜走了。等开始干正事儿的时候,已经十点多了。写材料需要百度查点资料,又在那份资料中看到某本书自己没看过,又去当当查那本书。那本书很好,又搞活动,忍不住告诉要好的朋友,于是又和朋友闲扯半天……其实,有好多人的时间都是这样被浪费掉的。可是想一想,腾讯里的娱乐八卦跟自己有什么关系,本想看看题目,结果却点开了网页,仔细地去阅读整个事件的全过程,满足了好奇心,却毫无成就感。

有个说法是:蜜蜂忙碌一天,人见人爱;蚊子整日奔波,人人喊打。可见,多么忙不重要,忙什么才重要。有的人整天忙忙碌碌,却不知有一种失败叫瞎忙;有的人和你的差距越来越大,直到让你赶超无望。

所以说，人生的窘况，往往都是自己没有好好规划的结果。你不知道去追求什么，当然你什么也得不到。

问题小贴士：你有过瞎忙的经历吗？

自己不能做主，别人就会为你做主

曾经有位哲学家说过："要么你掌握人生，要么人生掌握你，你自己决定了谁是坐骑，谁是骑士。"

法国大文豪巴尔扎克曾说挫折像一块石头，对于乐观者来说是垫脚石，对于悲观者来说却是绊脚石。乐观者站在垫脚石上站得更高，看得更远。要成长就要敢于接受风雨的洗礼，要成熟，就要接受挫折的考验。

大家都耳熟能详的一段名言说："你可以一直欺骗一些人，也可以在一定时间内欺骗所有人，但你不可能一直欺骗所有人。"说这段话的人，就是曾经的美国总统林肯。这么一位声名显赫的总统，他的一生都在失败与屈辱中前进。

22岁，生意失败。

23岁，竞选议员失败。

24岁，生意再次失败。

25岁，当选议员。

26岁，未婚妻去世。

27岁，精神崩溃。

29岁，竞选州议长失败。

37岁，当选国会众议员。

39岁，国会众议员连任失败。

46岁，竞选参议员失败。

47岁，竞选副总统失败。

49岁，竞选参议员再次失败。

51岁，当选美国总统。

对于自己的屡次失败，林肯是这样说的："虽然有过心碎，但依然火热；虽然有过痛苦，但依然镇定；虽然有过崩溃，但依然自信。因为我坚信，对屡战屡败的最好办法，就是屡败屡战，永不放弃。"

其实，不论林肯的人生经历过多少挫折与失败，但是始终都是由他自己做主的，所以最后才有辉煌的成功。

有一个故事，可以作为这个道理的生动诠释。

班里的一个同学因为各门功课都考得一塌糊涂，所以忧心忡忡，在哲学课上无精打采。他的异常引起了教授的注意，教授把他从座位上叫了起来，请他回答问题。教授拿起一张纸扔到地上，请他回答：这张纸有几种命运？

也许是惊慌，也许是心不在焉，那位同学一时愣住，好一会儿，他才回答："扔到地上就变成了一张废纸，这就是它的命运。"教授显然并不满意他的回答。教授又当着大家的面在那张纸上踩了几脚，纸上印上了教授沾满灰尘和污垢的脚印，然后，教授又请这位同学回答这张纸片有几种命运。

"这下这张纸真的变成废纸了，还有什么用呢？"那个同学垂头丧气地说。

教授没有说话，捡起那张纸，把它撕成两半扔在地上，然后，心平气和地请那位同学再一次回答同样的问题。同学们被教授的举动弄糊涂了，不知道他到底要说什么。

那位同学也被弄糊涂了，他红着脸回答："这下纯粹变成了一张废纸。"

教授不动声色地拣起撕成两半的纸，很快就在上面画了一匹奔腾的骏马，而刚才踩下的脚印恰到好处地变成了骏马蹄下的原野。骏马充满了刚毅、坚定和张力，让人充满遐想。最后，教授举起画问那位同学："现在请你回答，这张纸的命运是什么？"

那位同学的脸色明朗起来，干脆利落地回答："您给一张废纸赋予希望，使它有了价值。"教授脸上露出一丝笑容。很快，他又掏出打火机，点燃了那张画，一眨眼的工夫，这张纸变成了灰烬。

最后教授说："大家都看见了吧，起初并不起眼的一张纸，我们以消极的态度去看待它，就会使它变得一文不值。我们再使纸片遭受更多的厄运，它的价值就更小。如果我们放弃希望使它彻底毁灭，很显然，它就根本不可能有什么美感和价值了，但如果我们以积极的心态对待它，给它一些希望和力量，纸片就会起死回生。一张纸是这样，一个人也一样啊。"

一张纸可以变成废纸扔在地上，被我们踩来踩去，也可以作画写字，更可以折成纸飞机，飞得很高很高，让我们仰望。

一张纸尚且有多种命运，更何况我们人呢？命运如同掌纹，弯弯曲曲，然而无论它怎样变化，永远都掌握在我们自己的手中。

倘若你没有自己的主见，别人就会为你做主。正如美国通用电气公司前首席执行官杰克·韦尔奇所说："与其让别人掌握你的命运，不如你自己来主宰。"如果我们对自己的未来没有规划，就会成为别人规划里的一个棋子，只是在为别人实现他的人生理想而已。正所谓"没有规划的人终将会被有规划的人所利用"。

问题小贴士： 请问读者，目前来说，你的命运是掌握在自己的手里，还是被别人所利用，抑或是其他情况呢？

不在于站在何处,而在于要朝哪个方向走

一个人如果人生规划的方向是正确的,他越努力,离目标就越近,如果方向是错的,他跑得越快,就会离目标越来越远。在我的6P定位职业生涯规划课堂上,我会带领学员们一起做一个"速度与方向"的游戏。各位读者朋友,我们现在也一起来体验一下吧!

游戏体验:速度与方向

游戏的引言:

21世纪的竞争,从某种程度上来说,已经是一场速度的竞争。请先准备一支笔和一张纸,我们下面要进行的测验题目非常多,但时间只有3分钟。如果你准备好了,自己计算好时间,就可以开始了。

游戏的内容:

1. 时间只有3分钟,请先读完题目再做。

2. 在这张纸的右上角写上你的大名。

3. 将第二句中的"大名"两个字圈一下。

4. 在这张纸的左上角画5个正方形。

5. 在刚才画的正方形中各画一个十字。

6. 在正方形的四周画一个圆圈。

7. 在这张纸的右下角签上你的名字。

8. 在签名下写3个"好"字。

9. 在右上角写下的大名下,画一道直线。

10. 请在这张纸的左下角画一个十字。

11. 在刚才画的十字周围加上一个三角形。

12. 在这张纸片的背后，算一下 50 乘 30 的答数。

13. 在第八步的"好"字上画一个圆圈。

14. 当你做到这里的时候，大喊三声：我最快。

15. 如果你认为自己已遵从指示，请大声说：我最好。

16. 在这张纸的背后算一下 23 加 32 的和。

17. 从刚才的答案中减去 11 等于多少。

18. 请把你所得的答案和旁边的人比较一下。

19. 请你用你的笔尖将左上角的五个正方形，戳五个小洞。

20. 假如你是第一个做到这里，赶快说：遵从指导，我是第一。

21. 现在你已经仔细读完了，请只做第一步的工作。

问题小贴士：请问读者朋友，做完此游戏，你有何感悟呢？

做完游戏后，学员之间相互讨论，大多数发言都是："我们只顾埋头一道一道做第 21 题前面的所有题，到最后时间都超过了，才发现自己的目标和方向是错误的。可见，目标和方向对我们每个人来说是多么的重要。如果不做人生规划，有可能就离我们的初心越来越远，甚至背道而驰。"

一个人的人生规划，就是一个人一生的行动纲领，指引着他前进的方向。一个人若没有对自己人生进行规划，对自己的人生目标不清晰，那么无论学历有多高，知识面有多广，都会感到彷徨，感到不知所措。人生最重要的事，不是你现在站在何处，而是你今后要朝哪个方向走，只要方向对，找到路，就不怕路远。

《爱丽丝漫游奇境记》中有这样一段对话：

"请你告诉我，我该走哪条路？"

"那要看你想去哪里？"猫说。

做自己人生的卓越导演
——6P定位人生规划

"去哪儿无所谓。"爱丽丝说。

"那么走哪条路也就无所谓了。"猫说。

这个对话很简单，却耐人寻味。当一个人没有明确目标的时候，自己不知道该怎么做，别人也无法帮助你！当自己没有清晰的方向的时候，别人说得再好也是别人的观点，不能转化为自己的有效行动。

下面这个简单的故事，蕴含了一个深刻的道理，它告诉我们——明确前进的方向是多么重要。这个故事在中国是家喻户晓的：主人公有唐僧、孙悟空、猪八戒和沙僧，徒弟三人保护师傅唐僧去西天取经。

去西天取经的路上，四人结伴前行，就是一个团队。在这个团队中，孙悟空有七十二般变化、降妖除魔、冲锋陷阵；猪八戒表面看起来贪吃贪睡，好像没什么本事，但打起仗来也能上天入海，助孙悟空一臂之力；而沙僧憨厚老实、任劳任怨，一直把大家的行李挑到西天；唐僧最舒服，不仅一路上有马骑、有饭吃，而且妖魔挡道也不用其动一根指头，自有徒儿们奋勇上阵。

那么，在这个团队中，谁最重要呢？答案让很多人大吃一惊。那就是唐僧，唐玄奘！

很多人不解，为什么是唐僧呢？

仔细想想，你就会发现，在这个团队中，唐僧是目标最明确的人，他的目标简单而明确——到西天取经！别看他弱不禁风，不会武功，就是他，在孙悟空一赌气回了花果山、猪八戒开小差跑回高老庄、沙僧也犹豫的情况下，毅然一个人奋勇向前，不达目的誓不罢休。因为，唐僧心里清楚地知道，他去西天的目的是要取回真经普度众生。他知道为什么要去西天，他知道他为什么做，他知道他要什么。

而三个徒弟，他们并不知道为什么要去西天，他们只是知道保护好唐僧就可以，跟着唐僧走就行了。唐僧是领路人，如果没有唐僧，这个团队还不知道乱成什么样子了。那么，去西天取经也就成了猴年马月的事情。

可见方向对于一个团队来说是多么重要。

只有选对了方向，才能有前进的动力，才有成功的希望。正确的方向，既是成功的开始，又是成功的保证。如果没有正确的方向，再大的本领也是没有用的，再多的努力也是没有效果的。

四十多年前，一个十多岁的穷小子，身体非常瘦弱，却在日记里立志长大后当美国总统。如何能实现这样宏伟的抱负呢？经过思索，他拟定了一系列目标。当美国总统首先要当上美国州长——要竞选州长必须得到雄厚的财力后盾的支持——要获得财团的支持就一定得融入财团——要融入财团最好娶一位豪门千金——要娶一位豪门千金必须成为名人——成为名人的快速方法就是做电影明星——做电影明星前得练好身体，练出阳刚之气。

按照这样的思路，他开始行动。某日，当他看到著名的体操运动主席库尔后，他相信练健美是强身健体的好方法。他开始刻苦而持之以恒地练习健美，他渴望成为世界上最结实的壮汉。三年后，凭借发达的肌肉，一身雕塑般的体魄，在以后的几年中，他囊括了各种世界级的"健美先生"称号。

22岁时，他踏入了美国好莱坞。在好莱坞，他花费了十年时间，利用自身优势，刻意打造坚强不屈、百折不挠的硬汉形象。终于，他在演艺界声名鹊起。当他的电影事业如日中天时，女友的家庭在他们相恋九年后，也终于接纳了这位"黑脸庄稼人"。他的女友就是赫赫有名的肯尼迪总统的侄女。

2003年，57岁的他，告老退出影坛，转而从政，成功竞选为加利福尼亚州第38任州长。他的下一个目标就是美国总统。他就是阿诺德·施瓦辛格。从奥地利的偏僻小山村，到美利坚的领土，他成功了。从一个不会英语的瘦弱男孩，

做自己人生的**卓越导演**
——6P定位人生规划

到拥有强壮身材的健美先生，再到征服世界影迷的好莱坞明星，他成功了。从好莱坞巨星到加州州长，他又成功了。他的经历告诉我们：科学规划，行动有力，就能成功。

其实，别说羸弱的穷小子经过规划和行动可以成为明星和州长了，哪怕就是走错了人生路的浪子也可以回头是岸。有道是，浪子回头金不换。正因如此，所以人生不在于我们现在站在何处，而在于要朝哪个方向走。确定了明确而可行的人生目标，我们照样可以大有作为。

问题小贴士：你的人生已经有方向了吗？

只有觉醒者，才谈得上人生规划

人生是短促的、有限的，这句话谁都知道。如庄子说："吾生也有涯，而知也无涯。"这就是说明人生不是长命永生，而是短促的"有限公司"。李白在一首诗中说："君不见高堂明镜悲白发，朝如青丝暮如雪。"这也是形容人生的短促，早上是一个妙龄少女，晚上就变成白发婆婆的老太婆了，早上是一个精力充沛的小伙子，晚上就变成白发如雪的老头子了。而司马迁在《史记》中说："人生一世间，如白驹过隙。"白驹代表日影，人生一世，如在壁隙中看日影似奔马闪过，比李太白的朝丝暮雪跑得更快了。

所以，有关人生意义的探讨从古到今地进行着。冯友兰先生说："人生之真相，即是具体的人生。"人生已经存在，人生的目的就是生。有人认为人生的意义是"自我实现"，于是"若找不出人生之所为，人生就是空虚，就毫无意义"。而史铁生则说："只有人才把怎样活着看得比活着本身更要紧，只有人在顽固地追问并追求着生存的意义。"

第一章
经过思考与规划的人生更有价值

可以这样说，一个婴儿在母腹中得了生命，就开始了他人生的旅程。这个旅程的目的是什么呢？对于一个人自身而言，他在降生的那一天并不存在什么人生目的，他的大脑除了先天拥有的本性以外，并不存在什么意识，也就更谈不上什么人生的目的了。虽然如此，但是，他在未降生以前却被时代赋予了各种各样的目的，比如望子成龙、望女成凤、传宗接代、继承家业，等等。

有人把人分为三种：先知先觉、后知后觉及不知不觉。又有人分析指出，人80%的人属于不知不觉的沉睡者，觉醒者仅占20%。"觉醒"只是一个阶段性的起点，人可能在某个年龄（青年、中年或老年）中才从沉睡中觉醒。觉醒的人会开始思考，首先发现自我之存在，进一步就会认识自我、了解自我，继而寻找人生的意义和目的。换言之，假使人生有目的，那也是在"觉醒"了以后才谈得上。

有一个小伙子，大学毕业都好几年了也找不到一份合适的工作，一直在跳槽，可跳来跳去都是底层的小职员，这让他觉得自己的才能无用武之地。

年近三十岁的他，仍然一无所有。他整日郁郁寡欢，觉得生活欺骗了他，无论自己怎么努力，成功都与自己无缘。就这样，他变得意志消沉。这一切，他母亲都看在眼里，急在心里，可是也没半点办法，于是决定领儿子去算命。

算命先生看了小伙子的生辰八字，眉头紧锁，语气沉重地说："你啊！将会一直这样潦倒，直到四十岁。"

小伙子听完算命先生的话，更加抑郁了。

"没事，四十岁之后就好了。"母亲安慰他说。

"不，你理解错了，我是说四十岁之后他就习惯这种生活了。"算命先生打断母亲的话说。

古人常说，学如逆水行舟，不进则退。其实，人生也是这样。所以，每一个人都应该为自己的人生列出一个人生规划。只有你肯规划自己的未来，才能在若

做自己人生的卓越导演
——6P 定位人生规划

千年后遇见心中最想见的自己。一个人如果不能好好地规划自己的人生，且不清楚自己的目标，即使他的学历再高，知识面再广，那也只能是一个碌碌无为的庸人，一辈子都只能过着平庸的生活，白白地虚度光阴。

所以，关键是叫醒我们的灵魂。每天一觉醒来，我们的身体醒了，但灵魂未必能醒，能让灵魂苏醒的是一个个清晰的人生目标。你看，在上学的路上，在上班的途中，那些行色匆匆却格外精神抖擞的人，一定是心中树立了目标的人。目标是由动机至行为的驱动力，是一切行动的原动力，正是实现目标的欲望，焕发了我们的激情，激发了我们的潜力。

美国波士顿凯尔特人篮球队的传奇人物比尔·罗素，有保留自己评分卡的习惯。他每打完一场球之后，都用一张满分为 100 分的评分卡为自己评分。在他的篮球生涯中，他从来没有得过 65 分以上。很多人说："可怜的罗素，打了 1200 多场的球赛，从来没有达到过自己的标准！"然而，正因为他拼命要达到自己的标准，他成了最杰出的篮球运动员。

反之，若没有目标或失去了目标，人往往就会茫然无措，不知所终。我们都有过这样的经历，考大学之前，整天都精神振奋，干劲十足，仿佛有用不完的力量。而一旦考上了大学，则忽然一下子就空虚起来，像泄了气的皮球。许多人终其大学四年，都没有找到新的目标，导致大学过得很颓废。

不少人经常问自己："我的人生该何去何从？"这句话的答案，就是积极地规划自己的人生，走好人生的每一步。没有目标的征途就像一个无底的黑暗洞穴，你永远都不会有走出洞穴的那一天。所有人生中美好篇章的开始必定有一个坚定的目标。在人生的道路上行走，只有一往直前的勇气是不够的，更需要有一个明确的方向来指引你的脚步。

在当今这个信息更新以秒计算的时代，到处充斥着激烈的竞争。要想在这些竞争中脱颖而出，就必须对自己的人生有所规划。"凡事预则立，不预则废。"在不同的时期，可以根据自己的规划去完成不同的目标，这样就能给自己一步一步地接近成功打下一个坚实的基础，让生活变得更有意义。

问题小贴士：你现在是一个觉醒者了吗？

清楚去哪里，整个世界都会为你让路

一些人常常抱怨命运不公平，他们感叹：为什么自己每天也忙忙碌碌，但成功的人偏偏不是自己呢？难道这就是命运的不公平吗？

我们相信，很多人都曾经有过这样的迷茫和困惑，当你感觉世界亏待了自己的时候，不妨在夜深人静的时候问一下自己："真的是命运不公平吗？自己每天忙忙碌碌，但是努力的方向是对的吗？"

其实，很多人在匆匆赶路的时候，并没有考虑方向的问题，结果去了一些根本不值得去的地方。没有了方向，努力就失去了意义，要记住，方向永远比努力更重要。

世界上有一些人忙忙碌碌，但最终一事无成，一个最关键的因素就是因为他没有注意到自己努力的方向是否正确，结果很可能把精力消耗在了偏离方向且不重要的事情上，白白做了许多无用功。他们在羡慕别人成功的同时，往往不知道自己的失误到底在哪里。

当然，方向并不等于成功，成功还需要一步一步朝着确定的方向前进。但是，很多人一生都在想着无法做到的事情，对于眼前的小事不屑一顾。那些虚无缥缈的蓝图，尽管宏伟，但是因为做不到又产生痛苦，因为痛苦而怨天尤人，进而抱怨命运的不公，大发怀才不遇之慨。其实，成功的人，没有一个是痴心妄想的人。

做自己人生的卓越导演
——6P定位人生规划

他们的人生词典里最重要的词条是全力以赴,每天把自己手边的一件件小事做到精益求精,最终,这些每天的小事、小成功,累积成宏伟的成功大厦。

人们经常说,机遇只偏爱有准备的头脑,有准备的头脑才能辨识和把握机遇。比如,杨利伟为什么能成为中国航天第一人?中国航天员的选拔要经过"过五关斩六将",杨利伟顺利地过了一关又一关,他赢得中华民族的飞天梦想机会。他从小对自己要求严格,天生是个不甘落后的人。每次的训练都是全身心地投入,他以自己严肃认真的精神和熟练的技术赢得了教员的称赞,把一切做得精益求精,杨利伟凭借优秀的训练成绩和综合素质,光荣地被选为"神舟"五号航天飞行员。

所以我们想要成功,想抓住机遇,就得从现在开始收拾好行囊,做好准备,当机遇轻轻地叩响门扉时,我们就会沉着地应和一声,踩着它的节拍,旋转而去,千万不要眼睁睁地看着它,在倏忽之间,从我们的身边姗姗飘过,而我们却无能为力。

有人可能会认为,成功只属于那些衣食无忧、一路顺风的人生幸运者,却与生活并不轻松甚至窘迫的人无缘。其实,这也是一种误会。

我们不妨以日本作家松本清张的故事为例。松本清张出生在家境贫寒的家庭里。因生活所迫,他13岁时就开始打工了,他要担负起养家的重任。从成长经历来说,人在13岁时,无疑还是一个未成年的孩子。可生活是残酷的,有时为了活着,不得不去从事自己不想做的工作。松本清张没有办法,为了生存,只能去工作。因为没有学历,他只能从事最无技术含量的工作。他先后从事过环卫工,在小餐馆卖过烧饼,还在印刷厂做过学徒工。他经历过的种种屈辱不言便知。可他从没有因为自己没有学历而自卑,更没有因家境不好而放弃梦想。成功之梦一直存在于他的心中,他也一直在为成功之梦的实现而努力着。

成功的机会总是青睐于有准备的人。

第一章
经过思考与规划的人生更有价值

在28岁那年,松本清张进报社当了一名不起眼的记录员。他十分珍惜这份工作,工作中非常努力。而后他又去了设计部。这时他的工作环境虽然大有好转,可生活依然穷困交加。人近中年的他,还没有放弃对成功的渴望,仍然在孜孜以求苦寻适合自己的成功之路。

这一找又是好多年。

他在生活中磨砺意志,在岁月中期待着机会的来临。机会终于来了,那时他已经41岁了。这个年龄已经不年轻了,人生中最美好的年华都已经过去了,对许多人来说青春的激情与梦想早就没有了。可松本清张没有这样想,还是激情如旧,为成功做着准备。在一次偶然中,他得知一家报社在举办一个小说有奖征文活动。没有名气又没有写作经验的松本清张想碰一碰运气。他的这个想法在许多人看来,简直就是个天方夜谭的笑话。可松本清张却不这么认为,心想或许这次就能成功。他用多年生活的积累与丰富想象力写成了那篇《西部钞票》的处女作,出乎意料的是这部处女作获奖了,还名列了这次征文的第三名。这让他看到了成功的希望,也让他就此打开了人生的成功之门。

从此他在文学创作上一发而不可收。他最终成为继柯南·道尔、阿加沙·克里斯蒂之后,世界上第三位著名的推理小说家。

松本清张的成功,让我们得知这样一个道理:人的成功仅仅有坚持和执着还是不够的,更要有灵活辨别方向的能力。只有选择对了方向,选择对了适合自己的方式,再加上锲而不舍的精神,时刻准备着,才有可能获得成功。

所以,一个朝着自己目标永远前进的人,整个世界都会给他让路。

问题小贴士:你相信一个朝着自己目标永远前进的人,整个世界都给他让路吗?为什么?

第二章

用 6P 定位规划来管理自己的人生

做自己人生的卓越导演
——6P定位人生规划

有研究者发现：我们之中的许多人，一生并不缺乏才华、能力和机会。但为什么总是与成就和财富擦肩而过呢？答案是：其根本的原因在于不具备健康的心理和成熟的个性，主要体现在缺乏人生规划上。

所以，一个人要想在充满竞争的现代商业社会获得成功，就必须切实掌握一些成功的原则，努力开发自己的潜能。人生有了明确的规划，就有了奋斗的方向，成功指日可待，古今中外，概莫能外。

什么是6P定位人生规划

所谓6P，就是使命力（Mission Power）、定位力（Location Power）、信念力（Belief Power）、选择力（Choice Power）、行动力（Action Power）和目标力（Target Power）的简称。因为英文单词中都有一个字母P，所以简称为6P定位人生规划。如图2-1所示：

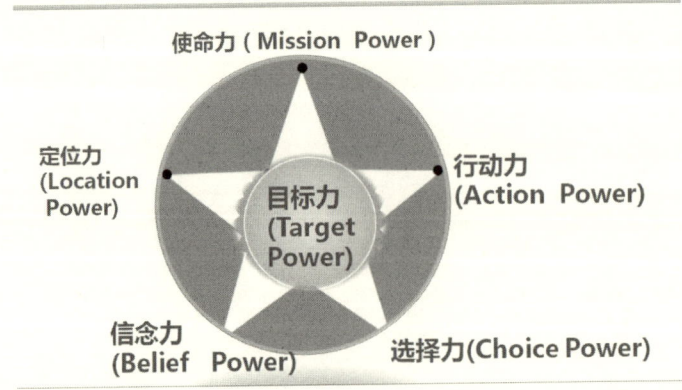

图2-1　6P定位人生规划

我们逐项来看。

所谓使命力，是指一个人为了实现人生目标在内心深处强大的使命感、责任感。通俗地讲，就是我们如何去帮助国家、社会、企业、员工、家庭、家族等，为他人做奉献、做贡献。使命感越强的人，不仅越想干大事，而且也更可能干成大事。有使命感的人，尤其是有很强使命感的人往往因为具有"天将降大任于斯人也"的心态，所以百折不挠，不达目的誓不罢休。

罗永浩说："这世上很多人做出了伟大的事业，是因为他们经常有非常强烈的使命感。"比如范仲淹的"先天下之忧而忧，后天下之乐而乐"；文天祥的"人生自古谁无死，留取丹心照汗青"；马云自创业之初至今的使命力是"让天下没有难做的生意"，乔布斯的"人活着就是为了改变世界"；毛泽东的"为人民服务"；周恩来的"为中华之崛起而读书"等，都是使命力的表现。林肯说："每一个人都应该有这样的信心：人所能负的责任，我必能负；人所不能负的责任，我亦能负。如此，你才能磨炼自己，求得更高的知识而进入更高的境界。"可见使命力的巨大作用。

大家都知道中国古代四大名著之一的《西游记》。《西游记》讲述了唐僧只身前往西天，路上先后收了几个徒弟，百折不挠，历经九九八十一难，终于成功取回真经、最终成佛的故事。

那么，唐僧为什么能取回真经？有人说是有个本领高强的徒弟孙悟空，总能降妖除魔，排除取经路上的一切障碍；有人说是唐僧运气好，碰上的女妖怪要么想与她成亲，要么想长生不老吃他的肉，没有一个妖怪像猴急的孙悟空，上来一棒子即给他当场毙命，哪还有后来的转机；有人说是因为观音菩萨总会在危急时刻现身，救下唐僧师徒的性命……这些说法都有一定的道理，但都没说到根本上。

唐僧的团队之所以能取回真经，最根本的原因在于取经团队有信念坚定、永不言弃的领导核心。唐僧就是这个不忘初心、牢记使命的领导核心。在取经路上，孙悟空、猪八戒都曾数次撂挑子，想不干了，返回花果山或高老庄过自己先前的快活日子。唯有唐僧"每临大事有静气，不信今时无古贤"，不急，不躁，沉着，

做自己人生的卓越导演
——6P定位人生规划

冷静，审时度势，正确应对，度过了一个个险关。

唐僧始终牢记自己的目标是前往天竺，自己的使命是为大唐取回真经。有这个坚定的信念支撑着，任何磨难都挡不住他前往西天取经勇往直前的步伐。

所谓人生使命，就是你愿意奉献一生的事业，你愿意追求一生的终极愿望，使命是人生的向导，是你奋斗不懈的动力，为自己找一个崇高的使命吧，那样你会真正成就一番事业，度过一个有意义的人生。明确自己的价值观及其优先级，有利于在生活中快速地做出正确的判断和决定，按照价值观生活，会让我们不留遗憾，问心无愧。

作家斯蒂芬·茨威格曾说过："一个人生命中最大的幸运，莫过于在人生途中，即年富力强时发现自己人生的使命。"

所谓定位力，是指一个人为了实现人生目标在自己内心深处对自己的角色定位。就是你给自己的人生定目标、做规划的时候，你要确定在自己的人生当中扮演些什么角色，在这些角色中你要发挥怎么样的作用，要怎么才能扮演好自己的这些角色，把角色串联好，发挥好，你就可以拥有完美的人生了。

马云在刚开始创业失败后，越挫越勇，在内心深处认定自己是企业的教练、领头羊，是企业家，推动企业持续前行。

一个少年听说阿里巴巴集团总裁马云来到自己的学校演讲，就特地赶了过去。恰好马云的演讲中有一个互动环节，请听众提问，马云现场解答。于是，少年提出了让自己郁闷了很久的问题："我努力学习，成绩也算中上等，可是在班里还是默默无闻，没人注意到我。虽说我觉得自己还不是一块金子，但我把自己当金子看待，每天起早贪黑，勤奋努力，我相信是金子总会发光的，可是为什么就是没有得到同学们的赏识呢？"

马云略加思索，微笑着说："你给自己的定位不准确呀，你不要把自己定位为金子。"

少年问:"那定位成什么呢?"

马云说:"你要把自己定位为一粒种子。"接着,他解释说,"是金子固然总会有发光的那一天,但金子是被动的,它不会自动掀掉埋在它身上的泥土,它需要被挖掘和发现。如果永远没有被人挖掘和发现,金子就会终生被埋没在土壤中,永无出头之日。人生有限,我们耗不起呀!因此,当我们遭遇埋没时,不妨做一粒种子,主动把埋在身上的泥土,当作是激发自己成长的土壤,不断汲取养分,积蓄向上的力量,让自己的梦想生根发芽,用不了几年就会成长为一棵高大的树。你想想,一棵高大的树耸立在眼前,谁会视而不见呢?"

人生定位没有时间限制,不管你是一个懵懂的孩童,是一个踌躇满志的少年,还是一个激情满怀的中年人,你都需要给自己的人生添彩,给自己的人生进行定位,这就是你需要做的事情,只有有了定位,有了目标你才能更好地做好你要承担的角色。

当你还是小孩的时候,你的定位就是自己一定要做一个好学生,一定要考好成绩,将来一定要赚钱来养活自己的爸妈,不要他们辛苦地下地干活,不要他们辛劳地在地里晒太阳,挨风霜;等你成为一名大学生的时候,你会想自己要找一个好的工作,在你要找一个好工作的前提下,你要有一个自己要找个什么行业的工作,这就需要你来定位;等你入职以后你要给自己的职位来定位,等你结婚的时候你要定位,等你有了孩子你要定位,开了公司你还要定位。总之,你一定要定位好每一步,才能走好人生的每一步。只有这样才能更好地发挥好自己的作用,做对家庭、对社会有帮助的人。

所谓信念力,是指一个人为了实现人生目标在内心深处要有自己坚定的信念和信仰,而且始终坚信自己的信念信仰和人生价值观,最终才能实现自己的人生

目标。因为,"信念决定行为,行为决定结果"。如:大发明家爱迪生经历了无数次失败、嘲讽、打击,最终发明了电灯,给世界带来了光明,因为他坚信自己肯定能够成功。马云做网上黄页时,在北京创业失败后仍坚定自己的信念,带领留下来的17个员工在长城上发誓一定要再次创业成功,最终阿里巴巴实现了上市,也带动了整个电商行业的改变和发展。

可以说,信念是成功的起点,是一个人生命中的一种执着;信念是一种神奇的力量,是一种不可思议的力量,是一种无与伦比的力量;信念能够化冰雪为春风,甚至能够化腐朽为神奇。

人生需要信念,因为信念可以创造奇迹,可以让人在暗无天日的地方依然顽强生存,可以让人在危难时刻、在九死一生的时候仍不言放弃;因为信念可以让"星星之火燎原",可以"野火烧不尽";信念,可以改变事情的结局和我们的人生。

法国作家罗曼·罗兰说过:"人生最可怕的敌人就是没有坚强的信念。"一个人若是有了坚定的信念,那么他一定可以渐渐磨炼成百炼钢、坚实岩和滔滔水。如果没有信念,爱迪生就不会有那么多伟大的发明;如果没有信念,司马迁就不会著就闻名遐迩的《史记》。信念是人生旅途中的一颗璀璨明珠,它既能在阳光下熠熠发光,也能在黑夜里闪闪发亮。

所谓选择力,是指为了实现我们的人生目标和结果,我们选择哪些手段和方法。能力来自选择,我们选择具体的方式方法,发挥自己的能力来实现自己的目标。如马云为了让阿里巴巴得到壮大和发展,选择了融资、吸纳海内外先进管理人才、加强企业文化建设和团队培训等方法手段,最终取得了管理上的成功。莫泊桑跟从福楼拜修习文学创作,从思想内容、语言文字以及艺术风格、构思技巧等方面学起,最终成为一位文学巨匠。

虽然确定了目标,但是却没有选择正确的方法,也未必能够成功。

第二章 用 GP 定位规划来管理自己的人生

我曾经听说过三个男孩卖《圣经》的故事：

神父要找三个小男孩，帮助自己完成主教分配的《圣经》销售任务。而他很苦恼，因为教堂的主教一直认为神父是最优秀的，给他的《圣经》足足有1000本。

神父认真分析了自己的人脉，觉得自己只能完成300本的销售量，于是他决定找几个能干的小男孩卖掉剩下的700本《圣经》。神父对于"能干"是这样理解的：口齿伶俐，小男孩必须言辞美妙，让人们欣喜地做出购买《圣经》的决定。于是按照这样的标准，神父找到了两个小男孩，这两个男孩都认为自己可以轻松卖掉300本《圣经》。可即使这样还有100本没有着落，为了完成主教分配的任务，神父降低了标准，于是第三个小男孩找到了，给他的任务是尽量卖掉100本《圣经》，因为第三个男孩口吃很厉害。

在神父看来，不出两天那两个善于言辞的小男孩就会卖光《圣经》，那时也许他们还可以帮口吃的男孩卖完他的100本《圣经》。

5天过去了，那两个小男孩回来了，并且告诉神父情况很糟糕，他们总共只卖了200本。神父觉得不可思议，为什么两个人只卖掉了200本《圣经》呢？正在发愁的时候那个口吃的小男孩也回来了，他没有剩下一本《圣经》，而且带来了一个令神父激动不已的消息，他的一个顾客愿意买他剩下的所有《圣经》。这意味着神父将卖掉超过1000本的《圣经》，神父将更受主教青睐。

神父彻底迷惑了。自己看好的两个小男孩让自己失望，而当初自己根本不当回事的口吃的小男孩却成了自己的福星，神父决定问问他。

神父问那个小男孩：你讲话都结结巴巴的，怎么会这么顺利就卖掉我所有的《圣经》呢？小男孩答道：我……我……跟……见到的……所有……人……说，如果……不……买，……我就……把《圣经》念一遍给他们……听。

所以，口吃小男孩卖书成功实现目标的原因是他选择了更好的方法，将自己

的劣势转化成了优势,帮助他实现了目标,而大部分人失败的原因,是因为他们使用了错误的方法与策略。

所谓行动力,是指一个人行动、执行的能力,是指一旦我们找到了自己的使命力、定位力、信念力、选择力,为了实现目标,还需要我们去实践去行动去做去干去执行,最终只有通过执行才能实现人生的目标。

有一位勤劳的农夫在一块无人肯播种的荒地上辛苦劳作。过路的人看到他在这块堆满了砖头、瓦块和锈铁,地下生满树根的瘦土里挖田,便嘲笑他说:"喂,老头,你是在挖金子吧!"农夫一声不吭,埋头苦干,清除了砖头、瓦块和锈铁,铲除了地下盘绕的树根,然后开始整理、施肥。一晃几年过去了。到了收获时节,农夫满怀喜悦地在田里收获。这时,一位赶着牛车的年轻人对老农喊道:"喂,老大爷,你哪辈子积了大德,上天恩赐了你一块这么肥沃的土地。"农夫擦了一下脸上的汗珠,大声回答:"年轻人,上天恩赐我这块宝地时,人家都在骂我是个大傻瓜。"

许多人只看到他人成功后的显赫、富足,而从不过问他人成功之前的艰辛和苦累,这也许就是世界上80%的人们仍然在贫困平庸中挣扎的原因。

经过上千次调查研究,以100分制来评价一个人的行动力,达到80分或80分以上的人不到1%,60%的人在60分以下。因此99%的人的行动力需要提高,60%的人急需提高。

我们中间,不正是这样吗?有很多人看起来是思想的巨人,但却是行动的矮子。有了使命与目标,不去行动也是白搭。

所谓目标力,是指一个人要实现自己的人生目标,一切要围绕目标力来展开,没有目标,不知道往哪里发展,失去了方向感,失去了前进的动力,就会感到迷茫、渺茫,目标是方向,目标是灯塔,照耀着我们前行的道路。在6P定位人生规划中,目标力是核心，其他五个方面要围绕目标力而展开。通过以上的合力，最终来实现我们的人生目标，达到我们最终想要的结果。如：毛泽东最终建立了新中国，让中国人民站立了起来。马云最终让阿里巴巴上市持续发展而壮大，建立了"新零售王国"。

明确而坚定的目标虽不能使人长命百岁，但必定能增加人生成功的机会。人生倘若没有明确的目标，顶多只是平平淡淡，但绝对不会做成大事。

美国商业巨子宾尼说："一个目标明确的普通员工。会成为创造历史的人；一个心中没有目标的人。只能做个平凡的员工。"同样，一个目标明确的商人，会成为创造历史的顶级商人；一个心中没有目标的商人，也只能是一个平凡的商人。

前段时间某报社做过几百条鲸鱼突然死亡的报道，实际是这些鲸鱼因为在追逐沙丁鱼时，不知不觉间被困在了一个海湾里搁浅而死。有一个名叫弗里德里克·布朗哈里斯的人看到此消息后这样说："这些小鱼把海上'巨人'引向了死亡。鲸鱼追逐小利而暴死，为了微不足道的目标而空耗了自己的巨大力量。"

没有明确目标的人，就像报道中的鲸鱼，纵有巨大的力量与潜能，只因为把精力放在小事上，最终也会因为小事而忘记了自己本应做什么。要发挥潜力，人必须全神贯注于自己有优势并且会有高回报的方面。明确的目标能帮助人集中精力全力以赴做自己的事业。另外，当一个人不停地在自己有优势的方面努力时，这些优势便会进一步发展。

问题小贴士：你认为自己具备 GP 中的哪几个力，还欠缺哪些？

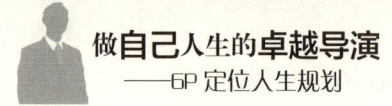

6P 定位人生规划原理

6P 定位人生规划原理，遵循身心灵合一、生命流动、推拉原理等三个方面的原理。

原理一：身心灵合一原理

6P 定位人生规划，需要坚持身心灵合一的原则。身是指物质身体，心是指头脑心智，灵是指大爱、使命、灵性精神。所谓人，就是身心灵这三者的结合统一体，它们之间还会互相作用。

从能量的层次上来看，精神的层次最高，它可以决定和显化心智状态，同样也可以外显在身体状态上。我们很多人都熟悉的那句话"你的外在实相就是你内心的投射"，说的就是这个道理。

我们可以看到身心灵整体中，只有"身"是看得到的，其他两项都是肉眼不可见的。

作为个人内在的成长，包括我们的 6P 定位人生规划，同样必须是三者结合的。而从哪一方面入手，都是可以的，最终的目标只有一个，即身心灵的合一。因为没有身心灵的合一，就会出现身心分裂、互不协调的状态，自然不利于人生目标的实现。

心理学研究认为，人的精神由若干不同且彼此相互作用的系统和层次组成，我们从中区分出三个层次，这就是个人意识、个人潜意识和集体潜意识。

个人意识也称"自我"，是人有意识的心智，是心灵中关于认知、感觉、思考以及记忆的那部分。意识是人心中唯一能够被个人直接知道的那部分。它在生命过程中出现较早，很可能在出生之前就已经有了。意识通过思维、情感、感觉、直觉四种心理功能的应用而逐渐成长。

个人潜意识之于个别心灵而言是独特的，但无法被察觉；由心灵中曾经被意识到，但又被压抑或遗忘，或一开始就没有形成有意识的印象构成。个人潜意识的中心，便是"本我"。

集体潜意识是人格中最深、最不易碰触到的层次。集体潜意识的中心又称"自性"或"超我"。如同我们每个人在个人潜意识里积累并存放所有个人记忆档案那样，人类集体作为一个种族，也在集体潜意识里存放着人类的经验。自性是集体潜意识的核心。其作用是协调人格的各组成部分，使之达到整合、统一，即自我实现。这也是人性所要达到的最高目标。

需要说明的是，个人意识、个人潜意识、集体潜意识，也即自我、本我与超我，只不过是人精神的三个层次而已，是一个整体，而不是可以分割的部分。

其实，我们的个人意识与潜意识之间，经常会有一些小小的冲突。比如，家里来了个客人，主人为了面子，客气几句，就对客人说："你留下来吃顿饭吧。"而其实心里呢，则不是很情愿。所以，有时候，主人就会不小心说成："你不用吃饭了。"然后是很尴尬的表情。这就是弗洛伊德经典的精神分析理论里提到的口误。他认为，一个人的口误必定有其潜意识里的理由。

那么，我们在通过人生规划而实现人生目标的过程中，就要努力将自我、本我与超我三个层次高度统一起来，以步调一致的姿态去达成我们的人生目标。

潜意识有更大的神奇力量，可以经由学习，来让意识运用的。一个人的进化程度，与他运用潜意识力量的能力成正比。博恩崔西断言"一个人的潜意识能量是显意识能量的3万倍"，下面的案例就可以说明潜意识的威力。

1976年春，美国著名作家柯贝尔患了直肠癌，而且癌细胞已经扩散到了肝脏部位。他采用了专家西蒙提出的想象疗法。他在西蒙的语音诱导下，想象自己体内的癌细胞虽然面目狰狞可怕，却是一些不堪一击的东西；想象自己体内吞噬

病菌的白细胞异常强盛,无坚不摧,把癌细胞打得落花流水;想象体内的所有癌细胞都从体表的毛细孔中流走了……。仅仅4天后,他去医院接受切除手术,医生打开他的腹部,惊奇地发现他的肝脏竟恢复了正常,医生只为他切除了直肠,他便很快康复了。

在清醒状态下,信念的强弱与暗示效应的大小呈正比关系。换言之,越是相信暗示信息,暗示效应就越显著。古人的"心诚则灵""信则有,不信则无"的说法实在是经验之谈。

除了语言,人类还能够用70多万种信号进行沟通。也就是说,在我们生活当中,到处都充满了各种各样的暗示,由于意识的过滤,一部分被我们所接纳,一部分则被我们排斥在外。从形式上来说,暗示分为周围暗示和自我暗示。周围暗示是指暗示的萌生有较强的外界诱发因素;而自我暗示来源于个人本身,自己把某种观念暗示给自己。

我们知道,透过五大感觉器官,我们可以把周围的各种事物、现象传入大脑,这些事物、现象包括视觉的、听觉的、触觉的、味觉的和嗅觉的,经过感觉器官的"诠释"后成为我们的经验。发现动物条件反射现象的俄国著名生理学家巴甫洛夫,在研究中也证明了大脑皮层在调节机体过程中的重要作用。催眠师便是通过特定言语的诱导,促使人进入催眠状态,并且通过言语的暗示使受催眠的人做出一系列行为的。

总之,一个人通过集体潜意识的力量能够唤醒他的人生使命,与世界上的人和事物产生联系和精神连接,通过个人潜意识的力量寻找到自己的人生定位,坚定自己的信念价值观,通过显意识的力量来做出决策和选择,制定行动计划,促进选择力和行动力,最终实现我们的人生目标和结果。通过对6P定位人生规划的各方面长期进行成功实现的心理冥想和心理暗示,身心灵和谐统一的信念,就贯通我们的使命力、定位力、信念力、选择力、行动力和目标力，力力融合，合力统一，让我们的生命流动起来。并使之落实到实际行动中，最终我们就能够顺利实现我们的目标。

原理二：生命流动原理

自然界中万事万物都是有生命的，所有生物都是通过生命流动原理而生存下来的，比如花草树木在太阳的照射下，将大地的营养和水汽吸收上来，在其体内进行光合作用和能量循环，最终开花结果。

生物的生命都是在接触、分享和吸收中成长壮大的，人更是如此。人是社群环境下的一块拼图，与他人的有效沟通越频繁，"连接"到的信息量、知识面和资源就越多，能量就越大。我们的生命是从我们的祖先开始一代一代传承给我们的父母，再由父母传承给我们，我们再将生命传承给我们的儿女，就这样子子孙孙一代代传承下去，让生命永流传，流动起来。

金钱不流动就贫穷落后，生命不流动就僵化生病，压力产生，人的思想不流动就禁锢自我。我们每个人都是有思想的人，有想法的人，我们不断地创新思考，将我们的思想公之于世，让人们之间互相进行传递。大家都知道，"两个人互相交换一个苹果最后还是每人各得一个苹果，而两个人互相交换一个思想那么每人至少有两个思想"。我们经常思考我们的人生，修正规划我们的人生，就是在经常用脑，让我们脑内的生命能量真正地流动起来。而老年人如果经常思考，就可以让自己的大脑生命流动起来，进而防止老年痴呆症等。所以，思想在流动就相当于我们的精神生命在流动。

因此，人通过遗传将生命传承下来，通过思想交流和分享、潜意识沟通、结交朋友、课堂演讲、网络学习、著书立说、走亲访友、工作实践、生活体验等各种手段实现了生命流动而获得成长。

做自己人生的卓越导演
——6P 定位人生规划

当我们贯通了使命力、定位力、信念力、选择力、行动力、目标力等 6P 定位人生规划后，我们内心就会形成一股强大的力量，产生超强的能量流，促进和滋养我们人生规划的实现。

现实中，有些人不愿意分享，因为害怕失去竞争力。有些人认为："我知道一些你不知道的事情，我就在某些方面比你强。如果我把这些告诉了你，我就吃亏了！"这种思维本身存在局限性，因为单干时代已经过去，这是个抱团的时代，合作才能共赢。

二十多年前，一个在美国长大的犹太裔青年到以色列访问，在教堂，神父给他讲了第二次世界大战期间的一桩事。一个冬天，德国纳粹将犹太人驱赶在一起，用火车运往欧洲某地的集中营，火车必须经过漫长一夜才能到达目的地，欧洲冬季的深夜十分寒冷，而每六个人中只有一人能得到一条毯子御寒。但没有人争吵，也没有人抢夺，因为，幸运分到毯子的那个人总会平静地将毯子铺开，和周围其他五人分享温暖。

故事给年轻人带来很大的震撼和启发。后来，年轻人将这种理念推行到自己的企业中。他不仅为公司的临时职工提供福利，还创立了美国企业历史上第一个"期股"形式，即让公司所有员工都获得公司的股权。此举开始时受到公司高层的反对，而且推行之初公司经营呈现亏损态势，但是，他坚持和员工分享公司利益的政策，因为他相信通过利益共享，与员工形成互相信任的亲密的伙伴关系，并将这种信任和真诚传递给顾客，股东的长期利益才会增加。事实证明他是正确的，公司不但很快扭亏为盈，更被誉为全球最受尊敬的公司，股票市值在十几年间上升了 100 倍，达到 300 亿美元。这位年轻人名叫霍华德·舒尔茨，他领导的公司就是当今全球炙手可热的咖啡连锁店——星巴克。

为什么说越分享越成功？

一是分享能更快地提升自己。因为分享，能让我们身心灵流动起来。首先要在脑袋里回顾，总结这个知识点，然后通过语言或文字表达出来。很多时候，我们以为自己知道，但是当我们用语言或文字表达出来的时候，却发现很难说得系统、完整，很难让别人明白。这就说明我们对这个知识点的掌握并没有想象中熟练，必须不断的实践和交流，直到可以轻松地分享出来。

二是分享能让更多的人知道你。你知道还不够，必须让别人知道你知道，这样才能拥有更多的机会。酒香也怕巷子深，只有让更多的人知道你，合作机会才会找上门来，人力、物力、财力等实现人生目标的资源就会整合流动起来。

三是分享能让你成为领域专家。如果你习惯了分享，哪一天停止分享就会觉得特别不舒服，而持续分享要求你学习和掌握足够多的领域知识，一旦发现不知道要分享什么，你就会继续探索研究新的东西。反复这个过程，你最终能成为这个领域的专家。

最重要的，分享是一种付出，一种沉淀，它能让我们内心平静，成为更好的自己！中国的老话说得好——上天福善，天道酬勤。上天迟早要给予好人以酬报。

原理三：推拉原理——推力与拉力

实现人生目标，既需要拉力，同时也需要推力。拉力与推力共同作用，方能产生最大的动力。

在我们的6P定位人生规划中，其中的使命力、定位力、信念力三种力，都可以对我们人生目标规划起到内在推动力的作用，相当于一个快速行驶的动车组每节车厢间的推动发动机推动着我们朝着人生规划的方向前进。而人生规划的实现就像飞奔的动车一样，促使动车运行的既有拉力，也有推力，而且是拉力与推力共同作用的结果。而目标力、选择力、行动力则属于外在可视化的力量，可以对我们的人生目标规划起到强有力的拉动作用。

在 6P 定位人生规划中，正是使命力推动了定位力，定位力推动了信念力，信念力推动了选择力，选择力推动了行动力，行动力推动了目标力。力力推动，最终实现人生目标，如图 2-2 所示。

图 2-2　6P 定位人生规划的推拉原理

人生的使命力越大，实现的目标就越大。爱迪生的使命是通过发明创造为全人类服务，结果他点亮了一盏灯，照亮了全世界。特雷莎修女要通过自己的奉献为穷人服务，结果感召了全世界。

具体说来，人生的使命力越具体、爱越大，定位力就会越准确，角色认知越到位，信念越坚定，信念力就越强大，能力就越大，选择的方法、渠道就越多，行动执行力就越快，越能实现我们的人生目标。

信念力推动行动力，行动力推动目标结果，比如有的人相信"吃得苦中苦，方为人上人"，结果经过努力奋斗，终于苦尽甘来，实现自己的人生理想。当然，苦难本身并不值得赞美，值得赞美的是战胜苦难的能力，以及战胜苦难之后获得的幸福。近些年一直很火的莫过于马云了，公司上市了，在中国富豪榜里居首位了，也演电影《功守道》了，走上了人生巅峰。多少人羡慕，多少人仰望。可是我们忘却了之前他屡次创业失败，去华尔街受到冷遇，之前的他也曾经历过人生的低潮，但是他拥有使命力"让天下没有难做的生意"，定位力非常明确，自己要为中小企业服务,信念力是坚定信念一定要实现公司上市。在以上三种力量的内在推动下,再加上选择力通过融资、整合线上线下、企业文化推广、优秀人才引进、股权激励、培训学习等选择的方法手段,持续行动力和明确目标力的外在拉动之下,咬牙坚持了,并一步一步走上了前进的道路,最终实现了目标。

有的人相信通过自己的智慧,可以实现目标,比如通过整合资源、借力而行,产生拉力与推力而实现自己人生的梦想。刘邦虽无项羽的勇猛,但"夫运筹帷帐之中,决胜于千里之外,吾不如子房。镇国家,抚百姓,给馈饷,不绝粮道,吾不如萧何。连百万之军,战必胜,攻必取,吾不如韩信。此三者,皆人杰也,吾能用之,此吾所以取天下也"。这无疑是典型的借力而行的推拉合力高手了。

问题小贴士:你认为GP定位人生规划的三个原理重要吗?你会在实践中遵循吗?

"将军赶路,不追小兔"

俗话说:"将军赶路,不追小兔。"为什么?将军奔赴战场,是为了参加一场重要战争。所以将军有将军的事要做,不能因小失大。路上遇到一只小兔,为了得到一只小兔,结果丢掉一场战争,你说值不值?职场中只有那些敢于拒绝不当诱惑,眼睛始终盯着大目标的人,才有成功的机会。

据说,拳王阿里和一位朋友在街上散步,突然碰到几个蟊贼拦路抢劫。拳王无动于衷,任凭那几个蟊贼搜刮了身上所有的钱物,最后看着他们扬长而去。事后,朋友觉得不可理解:"你一个拳头打出去,至少200磅,只要稍一动手就能将他们打倒在地,为什么不打呢?"阿里伸了伸拳头说:"我的拳头是世界冠军

做自己人生的卓越导演
——6P 定位人生规划

级的，平时不会轻易出拳，刚才那几个人只是几个小蟊贼，让世界冠军出手打他们？他们还不配！"

西汉有一名宰相叫丙吉，春天他乘车出行，看见道路上躺着殴斗死伤者，他不闻不问。继续前行，他又遇到一个赶牛者，牛喘吐舌。丙吉停下了车，派手下人去问赶牛者走了几里。随行的官员不理解：人命关天置之不理，一头牛喘却这么关心！丙吉解释说，路上的死伤者，自然有京官管，自己作为宰相，犯不着操心；但春天还不太热，如果牛没走几里路就喘气，恐怕天时不正，会影响今年的收成，对做宰相的人来说，这可是大事情。

坦率地讲，人生在世会面临无数诱惑，所以必须有所为，有所不为。斯坦福商学院教授吉姆·科林斯从事商业活动研究，取得了非凡的成绩。在对 11 家公司的研究数据进行分析、比对后，科林斯发现 11 家公司有一个共同点，那就是都实现了从二流企业到知名企业、从业务情况良好到业绩非凡的转变。在探索这种转变的原因时，科林斯和他的研究小组发现这些企业的决策层所做的那些重要决定都不是要做什么，而是不做什么，也就是说这些企业都曾有所不为。世界第一 CEO 杰克·韦尔奇 1981 年成为 GE 的第八任董事长兼 CEO，上任后对公司以往的产品线进行大幅度的取舍，在任期间，GE 公司的市值从 130 亿美元增长到超过 4000 亿美元，高居世界第一，这就是善于取舍的意义。

众所周知，不管企业的实力多么雄厚，规模多么宏大，也只能有选择地开拓市场，而无法通吃，因为任何一个企业的资源都是有限的。市场机会是无限的，而属于企业自身的机会却是有限的。

如果确定了一个打算进入的子市场（由于大众市场无限大的属性决定了其市场特征难以测量、评估，而对其中某一个子市场进行评估就要相对容易和准确）

之后，就要仔细评估这个市场的潜量、获利能力、竞争状况、优劣势分析等，然后才能决定是否进入。

在确定可以进入之后，接下来就是研究应该如何进入的问题。没有经过对自身实力与机会的客观评估，就无法得出市场机会是否属于本企业、本企业的实力是否与这个市场相匹配的结论。

企业如此，个人同样如此。人生精力有限，什么都分心，最后自然难以成就一番什么事业。所谓"心有高标，方可致远"。一个有作为的人，思考的只有"星空"，不会为世俗小事和个人欲望所羁绊。老子说："五色令人目盲，五音令人耳聋，五味令人口爽。"一个陷入流俗、耽于琐事的灵魂，注定与伟大、杰出无缘。钱学森一生为祖国的科研事业鞠躬尽瘁，从来不为琐事分心，即使躺在病床上，一张口谈的仍然是科学的前沿和人生的智慧。他说："我的朋友愿意和我谈论大事——人的天性，人类社会，中国，世界，宇宙。"

许多成功的事例告诉我们，要成就一番大事业，即有所作为，就要有所不为，而不能眉毛胡子一把抓，熊掌和鱼都不放手。网上有个段子说得非常好：

"有一件事情你能做得好，那叫合格；有 10 件事情你能同时做得好，那是优秀；有 50 件事情你能同时做得好，那叫卓越；有 100 件事情你还想努力把它们同时都做好，那有可能自己就会面临灭亡的危险！"

长本事的时候要把住核心，练武要练十八般兵器，但从古到今的大英雄，纵横天下也不过就是一两件兵器而已。关公就是用刀，赵子龙就是用枪，李元霸就是用锤。谁见过关公上阵，三分钟换一件兵器，还在那显摆："老子什么都会！"那不是关公，是关疯子。

所谓活得明白的人生便是：找到一个自己能认同的自己，朝着那里去。有了明确的人生规划，我们就会把自己有限的时间和精力用到该用的地方去，进而调

动所有的能量，挖掘所有的潜力，全力以赴于对人生目标的追求。

问题小贴士：对于人生目标，你能做到全力以赴吗？还存在哪些问题？

管理人生，从认识到"失控"开始

我们来到这个世界，出于生命的偶然，并不曾事先被征求过意见。但一旦来到这个世界，我们就必须对自己负起责任来，尤其是在成年以后。决定让我们出生的人——我们的父母，并没有为我们的一生负责的义务。所以，我们只有靠自己来掌控自己的人生。

但是，在现实中，很多人却是一天到晚东忙西忙，到处去救火，到头来却没干成几件像样的事情。每天制定的日程安排总是完不成，2小时能干完的工作却要忙一天。上个班没精打采，精力严重透支，白天拖着不干，晚上又加班加点。论文明天要交，却一个字都没写。考试日期临近，却还没开始准备，总是拖到截止时间才急匆匆赶完。年初定的计划，到年末都没开始。天天加班到深夜，没空陪家人。晚上关不了机，早上起不来床。脏衣服堆积成山，就是不想洗。去年买的书，到今年才拆开看。办了健身卡，一年只去过两次。工作、生活、家庭、人际……剪不断，理还乱，如何是好？患得患失，疲于奔命，忙于救火。顾此失彼，身心疲惫，盲目焦虑。总而言之，自己的人生已经彻底失控。

在生活中，我们经常还可以看到这样的人：他们的人生似乎永远不如意，社会似乎总是对他们特别苛刻；他们总认为压力太大、限制太多、社会不公、人心叵测；他们总在寻找让别人改变的灵丹妙药，或是期待天上掉馅饼。听来听去，你会得到这样一种印象：他们的人生不在自己的掌控之中，他们不是自己生活的主人，而是被动地受他人或环境的控制；他们对这种现状并不满意，却不愿意做出任何努力去改变。

正如两句诗所说的，"不识庐山真面目，只缘身在此山中。"很多人不知道如何摆脱失控的局面，就是因为当局者迷。

所以，首先要认识到人生的失控，然后才能谈改变。失控都认识不到，何谈改变呢？但是，人生的一切作为，就是要从学会控制自己的人生开始。

坦率地说，年轻人要学会控制自己的人生，是比较困难的，因为阅历少，经验也少，心智也不成熟。而随着年龄的增长，自我控制就变得比较简单了，只看你愿不愿意控制自己的行为，进而控制自己的人生。一如台湾作家三毛说的：我来不及认真地年轻，待明白过来时，只能选择认真地老去。可见认真对待人生，是学会控制自己人生的前提。

GE总裁杰克·韦尔奇在刚就任总裁时，第一次去拜访管理大师彼得·德鲁克，问的第一个问题就是：我怎么控制GE下面的上千家公司？

作为当代杰出的管理人才，韦尔奇深知，一切伟大的治理，都是从学习控制开始的。

人生同样如此。辉煌的人生，都是自我掌控几臻完美的人生。平凡如普通人，过着平淡的生活，同样需要对自己人生的清醒掌控。辉煌人生不易求，平安人生也并非唾手可得。而无论是凡人还是曾经做出旷世伟业的伟人，如果对自己的人生没有良好的控制，最终恐怕会落得个一地鸡毛，难以收场的结局。

有一人去寺庙找禅师说自己要修佛，禅师答："佛没坏，不用修，修你自己吧！"

问题小贴士：你能够掌控自己的人生吗？

做自己人生的卓越导演
——6P定位人生规划

想改变世界，先改造自己

我们很多人，在内心世界的深处都有一个根深蒂固的情结，那就是要改造世界。似乎世界是个坏蛋，坏蛋嘛，当然就需要改造喽。

因为苹果手机的缘故，乔布斯成了世界级英雄。尤其是他的一句名言"人活着就是为了改变世界"，又让很多人仿佛打了鸡血一般，充满了征服世界的豪情壮志。

曾经有一首民歌唱得格外激情豪迈："天上没有玉皇，地上没有龙王，我就是玉皇！我就是龙王！喝令三山五岳开道，我来了！"这是那个癫狂时代的一首诗。用现在的通常语法来表述，可谓吓傻了玉皇，吓坏了龙王，吓蒙了三山五岳！

之前，曾经在网上看到一篇文章，标题是《震撼世界的一块墓碑》，说的是在英国伦敦威斯特敏特大教堂地下室墓碑中，有一块闻名遐迩的墓碑，其墓志铭震撼世界，影响着很多人，各国游客慕名而来。

这块墓碑没有墓主人姓名，没有生平，一块普通的花岗岩墓碑刻着这样一段文字：

当我年轻的时候，我的想象力从没有受到过限制，我梦想改变这个世界。

当我成熟以后，我发现我不能改变这个世界，我将目光缩短了些，决定只改变我的国家。

当我进入暮年后，我发现我不能改变我的国家，我的最后愿望仅仅是改变一下我的家庭。但是，这也不可能。

当我躺在床上，行将就木时，我突然意识到，如果一开始，我仅仅去改变自己，然后作为一个榜样，我可能改变我的家庭，在家人的帮助和鼓励下，我可能为国家做些事情。然后谁知道呢？我甚至可能改变这个世界。

且不论这个墓志铭是真是假，这个墓志铭不禁让人想起姜太公的一段话："以家取国，国可拔；以国取天下，天下可毕。"这是当年姜子牙告诫周文王的一段话。到了春秋时期，《礼记·大学》总结出"修身、齐家、治国、平天下"之警句，可谓精准地概括了英国无名墓碑的墓志铭思想。

《礼记·大学》有言："自天子以至于庶人，壹是皆以修身为本。其本乱而末治者，否矣。其所厚者薄，而其所薄者厚，未之有也！"其实，这才是所有人类都应该遵循的普世原则。既然修身是人生之根本，那么齐家、治国、平天下等就是末节了。如果连自己的一人之心、一人之身这个根本都治理不好，齐家、治国、平天下等枝末之节当然也就免谈了。而人生在世，该重视的不重视，不该重视的却去重视，世间可没有这样的道理。

而关于修身，《礼记·大学》给出的方法是：格物、致知、诚意、正心，其实质则是修心。

乔布斯说："人活着就是为了改变世界。"有很多人认为，乔布斯确实用自己的办法改造了世界。然而，很多人仍然没有发现乔布斯是这样改变自己的。事实上，乔布斯正是因为有了改变自己的这个前提，才有了他后来的改造世界。

据记载，乔布斯年轻时就跟随日本禅师铃木俊隆修学禅宗，他是个十足的禅宗信徒，禅宗对他的影响非常深。这一点你可以从他极简主义的美学观点和执着的个性上看出来。佛教对直觉的强调也深深影响了乔布斯。他后来说："我开始意识到，基于直觉的理解和意识，比抽象思维和逻辑分析更为重要。"

那么在日常生活中，我们怎样来改造自己呢？下面这个小故事就涉及改造自己的内涵。

有一个人请一群客人吃西瓜，客人离开后，他发现家中的地板上到处都有西瓜汁的污渍，清理起来很费工夫。这个主人愣了一下，他坐下来想："咦！我请

的客人怎么会这个样啊！一点礼貌都没有。"

后来他又想道："唉！算了，反正吃亏就是占便宜，我忍耐可以提高心性，所以就算了，下次我要记得请客时得请吃别的水果，现在赶快来清理吧！"清理之际他又想道："是我没有考虑周详，如果我事先铺好报纸并摆好桌椅再把西瓜端出来，他们就不会吃得满地都是，下次改进吧！"

等到他打扫完毕，休息之余，他想道："我把西瓜切成一大片一大片的，客人只好用双手拿着啃，才会……。下次，我应该先去皮，切成刚好大小，然后按人数一盘盘分好再端出去，大家用叉子吃，西瓜籽就可以吐在每个人的盘子里，这样应该就没问题了。"

后来，他又想道："哎呀！只要我在厨房里先下点工夫，将西瓜打成汁，人手一杯，不用垫报纸，也不用吐籽，更方便。哎呀！要是我早这样想就好啦！"

说一句改造自己很容易，但是真正对自己进行改造，可不是一件容易的事情。上面这个小故事，就是真正改造自己的小案例。如果把西瓜换成我们生活上或情感上的任何一项重要物品，这答案是否也随之改变呢？显然也应该如此。换言之，不仅仅是在这样一件事情上要改造自己，而是在所有事情上改造自己哦！

要说修身修心，这就是修身修心的具体过程。没有这样的过程，我们根本就谈不上什么改造自己。

借着层层反省一件事情，我们的心性才能获得升华。心性升华的过程，既是境界升华的过程，也是智慧升华的过程。经过了这样一番改造自己的过程，然后才可以谈改造世界。

问题小贴士：你认同先改造自己吗？赞成改造自己的方法吗？

第三章

有目标的人生才有意义
——目标力的修炼

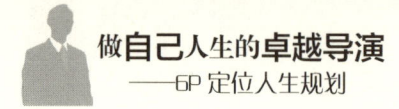

做自己人生的卓越导演
——6P 定位人生规划

一位二十多岁的青年曾写过：我觉得自己是个失败者，因为我努力挣扎成为一个了不起的人物，却连那是什么都不知道，只能过一天算一天。除非有一天我真的找到我的人生目的，我才会觉得自己开始真正活着。

人一旦有了梦想：有了目标，人生就变得充满意义，一切似乎都清晰明朗地摆在你的面前，什么是应当去做的？什么是不应该去做的？为什么而做？为谁而做？所有的要素都是那么明显透彻。

读者体验游戏

目标资源锁定游戏

读者朋友，接下来我们一起来体验一个目标资源锁定游戏，请您先看一眼图3-1，图中有几个黑色的圆？看清楚后，用一张纸盖住下面那张图，接下来问您一个问题："下面图中有几个白色的三角形？"

图 3-1

您或许会说"我回答不上来"，是的，如果是我，我也回答不上来，因为我们第一次聚焦的目标是"黑色的圆"，而根本就没有去关注什么三角形，尤其是

第三章
有目标的人生才有意义——目标力的修炼

白色的三角形。原因是我们每个人的大脑里都有一个系统，叫作目标资源锁定系统。当我们一旦规划了明确的目标，我们的目标资源锁定系统就会帮助我们将有利于实现我们目标的相关的人财物等资源锁定下来为我们所用，协助我们达成目标。由于每个人的精力有限，因此我们要把有限的精力投入到我们的人生目标上。所以，聚焦目标就势在必行。

没有目标的人生等于盲人骑瞎马

没有目标的人，就好像一艘没有舵的船，漂流不定，必将搁浅在失望的泥滩中。

人生成功与否，关键是看有没有明确的奋斗目标，没有人生目标就没有远大的志向，没有远大的志向，也只能停留在原地，听天由命。

有一位军阀每次处决死刑犯时，都会让犯人选择：一枪毙命或是选择从左墙的一个黑洞进去，命运未知。所有犯人都宁可选择一枪毙命也不愿进入那个不知里面有什么东西的黑洞。

一天，酒酣耳热之后，军阀显得很开心。旁人很大胆地问他："大帅，您可不可以告诉我们，从这黑洞走进去究竟会有什么结果？"

"没什么啦！其实走进黑洞的人，只要经过一两天的摸索便可以顺利地逃生了，人们只是不敢面对不可知的未来罢了。"军阀回答。

也就是说，目标能给人希望和力量，人生如果没有目标就等于一具行尸走肉。犯人看见的是无望的黑洞，那是比死还可怕的绝望。

没有方向，人生的航船就只能在迷惘中徒劳挣扎，永远不能到达成功的彼岸！没有了目标，生活便黯淡无光。对于一艘盲目的船来说，所有方向的风都是逆风。看不到目标比死还可怕。

目标对人生有巨大的导向作用。有了目标以后，你会把精力集中到对实现你

做自己人生的**卓越导演**
——6P定位人生规划

的目标最有生产力的事情方面。很多决策都会变得简单,那就是这个事情对实现你的目标有没有帮助。没有明确的人生目标,你每一次的决策就等于没有原则,只能根据当时的某种感觉做决定。这种决定会把你带向不同的方向。

美国前总统克林顿在自传《我的生活》序言中写道:"法学院刚毕业那会儿,我还是个小伙子,十分期待着马上开始自己的生活。这时,我突发奇想,把本来想要看的小说和历史书暂时束之高阁,出去买了本'如何做'一类的书——《如何掌控自己的时间和生活》。该书的主要观点是,我们必须列出自己短期、中期和长期的生活目标,按其重要程度进行分类,例如A组最为重要、B组次之、C组第三等等。然后,在每一个目标下列出实现这些目标的具体行动。这本简装书我依然保留着,距今已近30个年头。我敢肯定,我当时列的清单准还埋藏在某个纸堆中,尽管一时无从查找。然而,那个A组的单子我还真没忘记。我要当个好人,娶个好老婆,养几个好孩子,交几个好朋友,做个成功的政治家,写一本了不起的书。"

30年后,功成名就的克林顿显然认为自己已经实现当年定下的目标,唯有一点不好意思自夸,他调侃道:"当然,我是不是个好人,得由上帝来评判。"

一个有目标的人,比没有目标的人对自己更满意,在人生道路上更有耐力,面对人生的挑战更加平静、更加自信。人在评估自己时,不外乎三种方式:与别人横向对比,与自己的过去做纵向对比,将现状与自己的目标对比。三种方式一定要结合起来,横向对比往往使人对自己产生不自信等各种负面情绪;与自己的过去对比使人眼界狭窄容易满足;而与目标对比,则能弥补前两者的不足,保持前进的动力。

有记者问围棋国手常昊:"你在很年轻的时候,就已经进入高段位了。如今,当你们那一批棋手逐渐萧条的时候,你却还处于围棋的青春期。你的围棋生命到目前为止，已经跨越了两代人。这二三十年的中国围棋史，你一直贯穿始终，并且是核心人物。这是什么原因？"

常昊回答："人做一件事需要有自己的目标和信心。每个人的人生都有高潮和低谷，但是人的目标会激发自身的信心。我的目标是继续下棋，我还不想休息，所以下棋的兴趣激发了我的信心。特别是在遇到困难的时候，信心的力量就更加重要了。信心是第一步的。另外，我也在不断地总结，比较自己和别人的特点，发现自己的问题，在总结之后进行弥补，想办法提高。我总认为人的潜力是很大的，关键在于自己能否把握得住。我觉得我现在还是有力量去下棋。可能在我这个年龄上，付出和压力比以前大，但是还是有能力去战胜他们的。"

约翰·洛克菲勒说得好："目标是我领导的依据，目标就是一切。我习惯于在做任何事情之前先确立目标，而且每天我都要设定目标，譬如与合伙人谈话的目标、召集会议的目标、制订计划的目标等等。我在做事之前也会先检视自己设定的目标。通常在我到达公司时，我已经成功做好了万全的准备。所以，在我心里从未出现过诸如'我没有办法''我不管了''没有希望了'等具有吞噬性的声音。每一天确立的目标，已经抵消了这些失败的力量。"

问题小贴士：你认为人生有目标好，还是没有目标好？

目标力是 6P 定位人生规划的核心

可以这样说，有目标的人生才是自觉的人生。正确的心态就是迈向成功的第一步，一旦打下基础，就可以在上面建造了，而目标是构建成功的砖石。

目标不仅是我们追求的结果，而且在整个成功之路上都有重大的作用。

第一，目标能使我们潜意识发挥积极的力量。在给自己订立一个目标之后，

目标起着两种作用，一是我们做事的依据，二是对我们一种无形的鞭策。

目标就是我们看得着的靶心。有了目标，我们就会潜意识地去遵循一条普遍的规律工作。这条普遍的规律便是：人能够设想和相信什么，就能够以积极的心态去实现什么。

一旦我们制定出自己的目标，设定好目的地，我们的潜意识便会受到这种暗示的影响，就会发挥它的特殊力量，帮助我们到达胜利的彼岸。

实现目标的过程好比一场比赛。随着努力的付出和时间的推移，我们实现了一个又一个阶段的目标，我们就会越发地有成就感。

目标给我们提供了一种自我评价的尺度。这种看得见摸得着的具体的目标，可以使我们清楚自己离最终目标有多远，衡量目前已取得的进步。

第二，目标使我们容易找到正确的方向。我们的周围有许多对自己、对世界不满的人。这些人心中没有一幅自己所喜欢的清晰图景，没有改善自己人生的目标，没有用人生目标去鞭策自己。

一个人如果清楚自己需要什么，想要得到什么，他就会有一种倾向，他就开始行动起来了。

一位对百岁老人的共同特征做过大量研究的医生，曾经让听众思考这些百岁老人长寿的秘诀是什么。听众理所当然地认为医生会列举饮食、运动、节制烟酒等影响健康的东西。让人惊讶的是，这位医生告诉听众，这些百岁老人在饮食、运动方面并没有什么共同特点。但他发现，他们的共同特点是对待未来的态度——他们都有人生目标。

制定人生目标，未必能使你活到100岁，可却能增加你活到100岁的机会。如果没有人生目标，你可能会一事无成。

第三，目标使我们的工作充满乐趣。人们处事的方式取决于他如何看待自己

第三章
有目标的人生才有意义——目标力的修炼

的目标。如果你觉得自己的目标并不重要，那么你为达到目标而付出的努力就没什么价值。相反，如果你认为自己的目标很重要，那么你就会受到激励，从而愿意付出努力和代价。为此，你愿意也能够好好地预算时间和金钱，你愿意研究就会有进步，所以时间预算会给你带来良好的效益。同样，对金钱的预算会强化你的自律意识，运用你手中的金钱为你所追求的目标服务。对目标的思考越多，就越能够推动你前进。你会觉得你的工作如此富有乐趣，如此的丰富精彩。

第四，目标使我们能够看出和把握机会。有了明确的目标，我们便会把注意力和精力都放在这一目标上，全神贯注于对自己有利的方面。这时，我们会对机会变得十分敏锐。一旦机会出现，我们就可以用敏锐的眼光注意到它。这是因为，我们有了明确的目标，知道自己想要些什么，我们的注意力会使自己比较容易地觉察到这些机会。这种时刻准备着的心理，也使机会在我们身边经过时能引起我们的注意，机会悄悄从我们身边溜走的概率也就变得很小，这些机会也有助于我们顺利实现目标。

当然，我们应该树立一个明确的、高水平的理想目标，并把它深深地印在我们的脑海中。我们也可以订出短、中、长期目标，使它们更好地服务于我们的人生最终目标。

问题小贴士：你确定了人生目标吗？请写下您的长期（10年以上）、中期（3~5年）、短期（1~3年）目标分别都是什么？

不要把手段当作人生目的

对于人生，可以有万千种解读。但是，任何人都脱离不了对快乐和幸福的追求。

做自己人生的**卓越导演**
——6P 定位人生规划

有一个观点认为：人生的意义不是牺牲自己，成全他人；而是享受人生，并帮助别人享受人生。

其实，我们来到这个世界，就是为了让自己过好日子，让自己的家人过好日子，然后让自己的亲戚朋友过好日子，让更多的人分享自己的快乐，并力所能及地对他人施与帮助。这才是人生的意义，是我们人生之旅最应该完成和实现的。

虽然说人生的意义是享受人生，但不同的人对享受的定义有所不同。有的人追求越来越多的财富，有的人追求名誉，有的人追求美食，有的人追求感官的娱乐。我认为，享受人生不是及时行乐，不是某一时刻的快乐最大化，而是一辈子"快乐总量"的最大化。比如，一个人在赌博和吸毒的时候，他的行为也是一种享受；但这种享受是短暂的，会给自己和家人带来长久的痛苦，所以这样的享受不是我们所乐意接受的。真正的快乐，应该是能够分享的，而不是建立在损害他人或自己的基础上。如果人人都能持有自己快乐也让他人快乐的心态，在不妨碍他人利益和自由的前提下追求快乐，那么我们就能够最大限度地拥有和谐的环境。

幸福和快乐是紧密相连的，幸福是许多人一生的梦想。很多人一提到幸福，总是会把幸福跟财富的多少联系在一起，有人认为赚钱的过程一定是一个幸福的过程，同时也是人生最大的意义。财富的多少可以在物质上不同程度地满足人们的需要。很多时候，财富与快乐，以及人生的意义是相辅相成的。毋庸置疑，如果基本的生活都得不到保障，甚至食不果腹、衣不蔽体，那么再乐观的人其心情也会非常沮丧，绝对贫困的人是没有多少幸福可言的。当我们自己的日子尚在贫困中时，虽然我们能做到"心有他人，助人为乐"，但毕竟能量有限。自己尚不能生活得幸福，如何能为他人带来幸福呢？只有当我们有能力为自己和家人提供富足的生活保障时，我们才能更好地帮助他人。

有些人认为大把花钱一定是幸福的，一定是人生最实际的意义所在，事实上

第三章
有目标的人生才有意义——目标力的修炼

也不一定。坦率地讲,用昧着良心的方式赚钱和用损害健康的方式花钱都是人类的不幸。

财富的积累达到一定程度之后,其边际效益就随之递减,而感恩、分享就成了人生幸福与人生享受的重要来源。

哲人说:"金钱是一种介质、一座桥梁,而人不能栖居在桥上。"在经济学里,金钱的学名是"货币",是换取劳务的工具。金钱从某种角度而言是没有意义的,只有当你用金钱去做某件事情时,金钱才会产生意义。我们耳熟能详的富豪慈善家卡内基说:"在巨富中死去,是一种耻辱。"可见,金钱和财富从来都只是一种工具、一种流通手段。

个人的幸福感,通常离不开这样几个要素:生存需求的满足、心理需求的满足、物质需求的满足和社会价值的实现。财富只是带来幸福的因素之一,而非绝对和唯一的因素。有的人更重视家庭的和谐温暖,有的人更关心健康长寿,有的人更关注物质财富的积累,有的人更关注社会荣誉,有的人则更倾向于追求身心的自由,能饱览美丽的风景,体验多样的风土人情。一个人的幸福感跟他的欲望是成反比的,如果一个人的欲望低于现实,那么他永远是快乐的。如果一个人的欲望总是等于现实,那么他就不会特别快乐但也没有什么痛苦,这叫作"平平淡淡就是真";而当一个人的欲望总是高于现实的时候,他是永远无幸福可言的。一个"寿比南山说少年,住在金山说无钱,做了皇帝想登仙"的人是很难感到幸福的!

幸福不一定与财富的多少成正比。当财富积累到一定程度时,幸福与财富的多少就无关了,有时甚至减少财富就能增加幸福。

一个感到幸福的人总是会向前看,觉得生命充满意义,他们慷慨、幽默、感恩、快乐,对生活满意度高;而不幸福的人却总是相反。

在现实生活中,拥有乐观、进取的人生观,更容易获得财富。

做自己人生的**卓越导演**
——6P定位人生规划

归根结底，只有把财富转换成幸福，这样的财富才最有意义。毕竟幸福才是最终的目的，幸福的人生才能够让我们获得享受。每个人都对如何定义幸福和有意义的人生有不同的解读，但任何目的的实现都必须建立在健康和快乐之上。所以真正幸福美好的人生，不是钱越多越好，官越大越好，荣誉越多越好，粉丝越多越好，而是越健康越快乐越好！

问题小贴士：你的幸福观是什么？

追求人生价值的不断升华

人生的意义在于追求快乐，而快乐也是存在层次区别的。应该说，人生的意义并不是一个科学命题，而是一个价值命题。意义本身就是一个主观判断性质的词汇，犹如人性本善还是本恶的问题一样。一般说来，快乐包括感性的快乐、理性的快乐和德性的快乐。

私欲的满足是让人快乐的。小的道德、大的法律制度，都是环绕着全部成员快乐地实现这个社会理想来运作的。从目的上来看，快乐似乎并不简单。人作为一种理智的群体生物，在创造一个辉煌物质文明的同时，也在塑造着自身，道德教条和法律就是塑造自身的规范。对源欲的压制是必要的，但是这并不代表压制源欲就不快乐。

在追求理性快乐的同时，又出现了另一种意义上的理性的快乐，这是相对于感官刺激的感性的快乐来说的。沦为无底洞式私欲的奴隶，反而更加痛苦，因为这种快乐是滞碍型的。而理性的快乐则是产出型的。历史上大多数哲学家、思想家的自得其乐的精神活动的爱好，就属于这一类型。培养这种快乐，是弥足珍贵的。一个因财富充裕而快乐的富翁和一个漫游在广阔思想世界里而自得其乐的穷

第三章
有目标的人生才有意义——目标力的修炼

人并没有本质的区别,反而后者的快乐更为持久深远。这种因财富而带来的快乐,就是很大程度上的感性的快乐。感性快乐若缺乏理智指引,则很容易走向另一种意义上的感性快乐的迷途。

而追求德性的快乐,才是最高的快乐,最高的善就是幸福。在古代圣哲看来,一个人生活得幸福与否,就要看他的生活和行为是否符合德性,因为德性是善,而只有善的生活才是幸福的生活。幸福是通过德性,通过学习和培养得到的,是最神圣的东西之一。德性是幸福的前提,是构成幸福的首要因素。幸福虽不等同于快乐,但幸福也并不排斥快乐,幸福就在快乐的生活之中,快乐是幸福的应有之义,是它的重要的构成要素。

另外还有一种分法,也是将快乐分为三个层次,第一层次是"比较的快乐",同别人比,同自己的过去比,从中得到快乐;第二层次是"实现目标的快乐",每当实现一个目标,就感到快乐;第三层次是"自得其乐",不管外界如何,不管结果如何,做好每一件事,过好每一天,都快快乐乐。

结合实际生活,我们经常都在享受"比较的快乐",如"比下有余,知足常乐"。但在一部分人先富起来的时代,我们也常常感受到"比上不足"的失落感。另外,虽然绝大多数人的生活水平不断提高,但因各种意外和疾病,也有很多人过得不如从前。

我们也经常享受到目标实现的快乐,但也有很多目标常常不能"心想事成",如升职、加薪等,不快乐的时候还是很多。

不管外界如何,不以物喜,不以己悲,就如同"一箪食、一瓢饮、在陋巷、人不堪其忧,回也不改其乐",每天都快快乐乐,没有忧愁,多爽啊!我们也有这样的感受,做自己喜欢的事情,如散步、打太极、钓鱼、唱歌、书法、画画时,那是真的快乐,物我相忘的快乐。这种快乐与财富地位无关,与目标愿景无关,

做自己人生的**卓越导演**
——6P定位人生规划

完全产生于我们自己，发自于我们内心深处，醇厚悠长，连绵不绝。

要获得快乐，关键在于我们自己，在于我们的心态。一是要感恩，主动营造快乐心情。要有一个感恩的心，时时对生命、对亲人、对社会、对世界充满感恩之心，细心去体会每一口空气的可贵、每一口泉水的香甜、每一个人的可爱、每一件事物的美好等。二是要积极，积极对待负面事物，主动制造快乐心情。有一句话说得好，叫"境由心生，退一步海阔天空"，即环境是好是坏，事情是喜是忧，完全由我们的心态决定，由我们的认识角度决定。任何困难，站近看很大，站远点就变小了，如果站到月球上去，所有困难就都微不足道了，那还有什么理由不快乐呢？

但是，我们必须清醒地意识到，第一层次的快乐，是最低层次的快乐，也是最可怕的快乐，断然不可取。人生也有涯，而竞争却无涯。当你打败一个对手后，还没在短暂的快乐中回过神来，猛一抬头，又一个对手赫然站在你的面前，于是，继续竞争下去，循环往复，只有你最后永远地闭上双眼，再也无法看到你前面的竞争对手。我们可以争取达到快乐的第二层次。根据自身的能力和条件，给自己设定一个完全属于自己的目标，再脚踏实地努力去实现这个目标，获取自己的成就感和快乐感。当然，我们在追求第二层次的快乐时，并不影响我们去追求第三层次的快乐，甚至第三层次的快乐还是实现第二层次快乐的基础与前提呢。

问题小贴士：你怎么看待物质化的目标和精神化的目标？

由低向高，循序渐进

人生规划应该是一个由低向高、循序渐进的过程，并非一蹴而就的坦途。比如一个普遍的现象：很多人容易悲观，觉得任务太难了完不成，于是产生了焦虑

第三章
有目标的人生才有意义——目标力的修炼

心理，只好暂时逃避，明天再做吧。明日复明日，一拖再拖；而一旦把任务分成比较容易的小块，化整为零，降低任务难度，推迟自己要放下的心态，则每一天都能完成更多的任务。

俄国大文豪托尔斯泰有这样一句名言："人要有生活的目标：一辈子的目标，一个阶段的目标，一年的目标，一个月的目标，一个星期的目标，一天的目标，一小时的目标，一分钟的目标，还得为大目标牺牲小目标。"

心理学家曾做过这样一个实验：组织三组人，让他们分别向着10公里以外的三个村子进发。

第一组的人既不知道村庄的名字，也不知道路程有多远，只告诉他们跟着向导走就行了。刚走出两三公里，就开始有人叫苦，走到一半的时候，有人几乎愤怒了，他们抱怨为什么要走这么远，何时才能走到头，有人甚至坐在路边不愿走了，越往后，他们的情绪就越低落。

第二组的人知道村庄的名字和路程有多远，但路边没有里程碑，只能凭经验来估计行程的时刻和距离。走到一半的时候，大多数人想知道已经走了多远，比较有经验的人说："大概走了一半的路程。"于是，大家又簇拥着继续往前走。当走到全程的3/4的时候，大家情绪开始低落，觉得疲惫不堪，而路程似乎还有很长。当有人说"快到了！""快到了！"时大家又振作起来，加快了行进的步伐。

第三组的人不仅知道村子的名字、路程，而且公路旁每一公里都有一块里程碑，人们边走边看里程碑。行进中他们用歌声和笑声来消除疲劳，情绪一路很高涨，因此很快就到达了目的地。

也就是说，如果人们的行动有明确的目标，并能够不断将行动与目标加以对照的话，那么他们就清楚地知道自己与目标之间的距离，这样行动的动机就会得

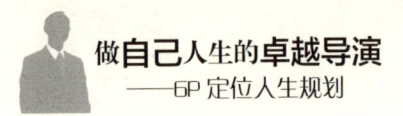
做自己人生的卓越导演
—— 6P 定位人生规划

到维持和加强，就会自觉地克服一切困难，发奋实现目标。

有许多人，他们内心虽有一张清晰的目标地图，但是正因面前有太长的路要走，有点无从着手，甚至望而生畏。因此，为了不让自己在忙碌中丧失信心，我们需要将目标分解，通过完成一个又一个的小目标来不断激励自己，将长距离划分为若干个短距离，逐一跨越。

1968年的春天，罗伯·舒乐博士立志要在加州用玻璃建造一座水晶大教堂。他向著名的建筑设计师菲利普表达了自己的构思："我要的不是一座普通的教堂，而是一座人间的伊甸园。"

菲利普问舒乐预算多少，舒乐博士坚定地对他说："事实上，此刻我一毛钱都没有，因此对我来说，100万美元和400万美元并没有区别。重要的是，这座教堂本身要具有足够的吸引力，吸引捐助者的到来。"

教堂最终敲定需要的预算是700万美元。这个数字不但超出了舒乐博士的承受潜质，甚至也超出了他的想象范围，其他人也都对舒乐博士说"这似乎不可能"。

但舒乐博士却想出了一个化整为零的方法。他在一张纸上写下"700万美元"，然后在这个目标下方写道：

1. 找1笔700万美元的捐款。

2. 找7笔100万美元的捐款。

3. 找14笔50万美元的捐款。

……

9. 找700笔1万美元的捐款。

10. 卖出教堂1万扇窗户的署名权，每扇700美元。

在这神奇的化整为零的方法下，舒乐博士历时一年多筹集到了足够的款项。

据说，水晶大教堂最后耗资2000万美元，但是在舒乐博士将这宏伟的目标化整为零之后，奇迹般地募集了足够的资金，让这个大教堂成了加州胜景。

这张目标地图原本令人望而生畏，似乎是一个无论如何忙碌都无法企及的目标，但是化整为零之后，成了一个又一个可实现的小目标。即使我们在追求目标的过程中遭受挫折，但是只要我们能够看到为了每个小目标而忙碌的回报，就使得自己能够不断应对压力和挑战。

问题小贴士：你给自己确定的人生目标是循序渐进的吗？具体是什么呢？

确定目标力的原则

确定目标力，应该遵循明确具体、时间期限、可衡量、相关联原则、可实现和激励等原则。

在6P定位职业规划课堂上，我一般会先将课堂上的学员分成小组，在组长的带领下，互相讨论和分享：您未来的目标是什么？然后邀请学员上台分享，结果90%以上的学员回答的目标都让我感到震惊。请问读者朋友，这是为什么呢？因为他们大多数回答的都是"想法"，而不是目标，目标不等于想法，目标必须是明确具体的。

——明确具体原则

1. 目标是什么？（是可衡量的具体目标量，切忌笼统、模糊。）

2. 现在目标完成度如何？（相比较目标目前达成多少？）

以"爬山"作为例子，目标是：爬到1000米的山顶。现在目标完成度如何？目前我们爬到了距离山顶500米的地方。这就是比较具体的目标。

目标是人们对于所期望取得的事物所下的决心。目标和幻想不同，因为目标可以实现。很多人所拥有的仅仅是幻想，而不是他们为生活定下的目标，这也是

他们无法实现理想的原因之一。

设立目标,设立明确的目标,是一切成功的出发点。98%的人之所以没有成功,就在于他们没有设立明确的目标,也没有踏出他们实践的第一步。

具体说来,目标必须明确、具体、量化、不模糊。例如,"要把学习成绩提高"这个目标就不够具体,因为没有具体的实施方案,因此比较难实现。而设立"下周上6次自习""每天读1个小时英语""期末考试每门课分数要在80分以上"这些目标就十分具体明确,这比"要把学习成绩提高"具体、有效得多,也更有助于实现。

当我们研究那些已经取得成功的人时,就会发现,他们每个人都有自己明确的目标,都已制定出达到目标的计划,并且能够花费自己最大的心思和尽自己最大的努力去实现他们的目标。

下面是关于企业家孙正义的人生发展经历,它可以告诉我们明确人生目标对于人生规划与发展的重要性。

1957年8月11日,孙正义出生于日本佐贺县鸟栖市。孙家祖先原来从中国迁移到韩国,到孙正义祖父一代,又从韩国的大邱迁徙至日本九州。童年的某一天,孙正义兴高采烈地从幼稚园往家走。有个日本小孩跟在他身后喊:"讨厌,朝鲜人!"从那一天起,孙正义就意识到,作为一个韩国移民,他不能在这片土地上获得认同。只有离开这片土地,功成名就再回来,才能获得融入这里的"通行证"。

16岁的时候,他只身去美国读高中。19岁时他发明了有声电子翻译机。当时还是夏普中央研究所所长、被誉为"日本电子产业之父"的佐佐木正,看中了这项发明,向孙正义支付了4000万日元的专利合同资金,让他进一步开发德语版、法语版的翻译软件。合同金额总计达1亿日元,按照汇率折算,这是一份价值"100

第三章
有目标的人生才有意义——目标力的修炼

万美元的合约"。就这样，孙正义收获了有生以来的第一桶金。

回忆当时的场景，年过花甲的佐佐木正发现，当时的孙正义虽然外表青涩，但内心意志坚定，拥有同龄人所没有的扎扎实实的思考能力。"他之前去别的公司推销失败，所以刚到我这边的时候还是一副无精打采的样子。但是开始介绍试验机的时候，他的表情一下子就变了。他有自己的信念，我知道，他并不是为了钱才来的。"佐佐木正如是说。

佐佐木正认为，这样的年轻人世所罕见，必须大力栽培。青年时期"心怀梦想是开发新产品的第一步"。佐佐木正对此深信不疑，而孙正义就是这样的有志青年。

于此同时，他在加州大学伯克利分校学习经济学和计算机科学，于1980年获得学士学位。如同他的高中生涯一样，在学习的同时，他仍保持着创业的激情，成立了一家名为 Unison World 的调研公司，并在当年以200万美元出售给合伙人。

回顾孙正义的求学时代，他的狼性让他做事时犹如同手术刀般目标精准，干脆彻底。他创造了3周完成高中教育、不到两年念完圣名学院课程的纪录；而作为伯克利的毕业生，孙正义毕业多年没有拿到毕业证，原因是他为了回日本等不到毕业典礼的举行，他说："我是去念大学而不是去大学领毕业证的。"

1981年孙正义回到日本，成立日本 Unison World 公司，用一年半的时间对40个行业进行市场调查，寻找适合自己投入一生的事业。这份调查报告高34公分，有10公尺宽。

同时，孙正义在福冈市南部的大野成立了软银公司，从事的是个人电脑用软件的流通买卖，当时的资本只有1000万日元。那时公司的屋顶只是一层镀锌铁皮，屋里一个装苹果的箱子被当作演讲台，孙正义就是站在这个"讲台"上，饱含激情地对他仅有的两名员工说道："公司营业额5年要达到100亿日元，10年要

做自己人生的卓越导演
——6P 定位人生规划

达到 500 亿日元。"

胆大心细可谓是孙正义的一个鲜明特点。要想快速成长,他需要发挥这一"特长",以在一场场或大或小的商战中交锋。

然而现实并非一帆风顺。1982 年,他创办了 Oh! PC、Oh! MZ 杂志,两个月后退货堆积如山。1984 年,他又创立购物指南杂志 TAG,但终因销售不佳关门,前后负债共计 10 亿日元。

可以说,1980 年代的孙正义处处碰壁。

但这样的遭遇并没有打倒这位具有前瞻意识和敏锐眼光的商业领袖。面对当时的困境,孙正义果敢地抛弃了旧世界,发现了互联网这片"新海洋"。

1981 年,孙正义看到了计算机时代发展的趋势,同年 9 月,一年一度的家电、电子业界展览会在大阪市的见本举行。孙正义从 1000 万日元中拿出了 800 万投入到了这次展会中。进入展会的孙正义一举租下了规模与松下、索尼一样大小的展区。这次的大手笔,让孙正义获得了很大的成功,他的展区被参观者挤得水泄不通,火爆程度甚至超出了他之前的预想,虽然展会上的交易额只有 30 万日元,但"日本软银"这个名字却因此一炮而红。

1988 年 7 月,孙正义在美国建立了软银公司。当时局域网等网络产业在日本还未兴起,但这在孙正义看来,这样的局域网也一定会在日本扩展开来。1991 年软银引进网威系统产品,开创日本市场,同时引进迪士尼入股,到 1994 年,网威系统年营业收入达 1.3 亿美元。

与网威谈判体现了孙正义的惊人说服力。在孙正义与对方谈判后不久,一家重量级的日本公司突然宣布已经草签合作协议,在得知消息的那一刻,孙正义第一时间赶到美国,向网威表示在日本建设局域网必须以组建合资企业的方式进行。孙正义说:"如果让我接手,我可以向您推荐实力雄厚的日方合伙人。"这时,对方的脸色变了，这一切被孙正义看在眼里，他看到了对手内心的动摇。会面结束后，网威公司副总经理去日本考察。一下飞机，孙正义就和 NEC、富士通、东芝、佳能、索尼等公司进行融资谈判，融资谈判如孙正义预想中的那样顺利。

最终，软银于 1992 年取得思科-T 在日本的代理权。1994 年软银上市，孙正义身家超过 10 亿美元。1995 年，软银以 21 亿美元收购 Ziff-Davis 部分股权，同时收购 Comdex 展会部分股权。

回顾往事，孙正义坦言，收购 Ziff-Davis 与 Comdex 展会至关重要。因为这两家公司提供了丰富的资讯，了解哪些行业可以通过投资赚钱。因为收购 Ziff-Davis，让孙正义发现了雅虎，以及整个互联网产业。

孙正义经常会讲："把你送到珍珠岛，给你枪、食物、药品，你选什么？我什么都不选，我选藏宝图。"而 Unison World、Ziff-Davis、Comdex 展会就是孙正义的藏宝图。

在移动互联网研究者曾航看来，孙正义是一个很有国际视野的人。他祖籍韩国，出生在日本，在美国读高中和大学，他还相信自己的祖上和中国的孙子是同一支脉，因此他在经营中非常推崇中国的《孙子兵法》一书。这样独特的人生经历造就了孙正义的"时间机器"理论。

孙正义对移动互联网的见地很深刻，他很早就预见到，移动互联网将成为未来的霸主。在 iPhone 诞生前，孙正义曾经和乔布斯见面。孙正义对乔布斯说，移动通信的时代一定会到来，无论如何都要收购移动公司，或者拿到许可证。乔布斯对孙正义说："我明白了，很好，但是你还是拿到许可证再来吧。"孙正义对乔布斯说："早晚会拿到许可证的，或者也可能收购别的公司。当我拿到了，或者成功收购了，到时候你别忘了就行。"

1996 年，美国硅谷的互联网浪潮开始发酵，孙正义向雅虎投入了 1 亿美元的资金。在雅虎上市后，孙正义仅抛售了5%的股份，就获利4.5亿美元。

由于美国是这一波互联网浪潮的发源地，而日本则比较落后，因此孙正义很有远见地跑到美国去投资了大批互联网公司，其手上持有的公司财富数量，甚至一度超过了比尔·盖茨。

在美国赚到钱后，孙正义再次杀回日本，成立雅虎日本公司，软银控股51%，至此雅虎日本成为日本最大的搜索引擎和门户网站。

此后，孙正义又大量投资比日本更落后的中国、印度市场的互联网公司，软银"金手指"点中的中国企业包括UT斯达康、新浪、网易、携程、分众传媒、阿里巴巴、当当、淘宝网、博客中国、千橡集团等，当然，还有更多被软银点中的公司尚未浮出水面。此外，孙正义还在印度投资了inmobi等公司（全球第二大移动广告公司）。

1999年10月，孙正义向创业期的阿里巴巴投资3500万美元；2004年2月，再次投资6000万美元。

2003年，盛大与韩国Actoz的官司打得正火热时，软银旗下的软银亚洲投资4000万美元给盛大。

2008年，孙正义再次出手，以3.84亿美元的资金，获得千橡互动40%的股权。孙正义进军千橡，看中的是千橡公司旗下的SNS社区品牌，包括校内网、人人网、猫扑网、山寨开心网。

孙正义旗下拥有多家投资公司，其中中国就有数家，例如软银中国创业投资公司等，投资领域包括无线、宽带、互联网、IC设计、媒体、计算机软硬件等；SBCH公司，由UT斯达康与软银联合成立，合同终止后，UT斯达康售出股份，软银集团全资拥有；深圳市软银投资顾问有限公司；软银亚洲信息基础投资有限公司，投资公司包括263、融信、移数通、摩比天线、博康、盛大、银联商务、橡果等。

而21世纪前10年，中国互联网产业无限繁荣，孙正义又是这个繁荣产业最大的受益者与股东。

在孙正义被问到为什么软银以如此狂热的速度扩展业务时，他做了这样的回答："一家公司的价值是由挑战和发展决定的。一家只会固守已有成就的公司，是不会做大做强的，而只会在一个不断发展变化的世界里沉底。"

2001年，互联网遭遇最低谷，而孙正义也未能幸免地从巅峰跌到谷底，因此有人问孙正义：很多人不看好互联网，你怎么看？孙正义说："跟炒股一样，高买低卖，现在正是投资者的机会。"

在产业低谷投资不是孙正义最大的智慧，孙正义更大的智慧是投资梦想。

马云经常讲一个故事，"我说了6分钟，孙正义给我3500万美元。我没想到钱来得那么轻松，他没想到我不是来向他要钱的。"1999年，孙正义与马云第一次见面，孙正义决定投资阿里巴巴，投资金额达3500万美元。

马云当时其实并没有清楚地表达出他见孙正义的真正诉求。马云说自己有一个梦想：阿里巴巴利用互联网改变商业与贸易，他坚信互联网能改变世界。不是商业模式、管理团队、市场机会促成了这次合作，而是两个互联网信徒的共同信仰促成了这次合作。

投资雅虎的情况类似。1995年11月，孙正义向雅虎投资100万美元时，雅虎只有5人；1996年3月，孙正义再次向雅虎投资1亿美元时，雅虎发展到15人。那时候谁都以为孙正义"疯了"。但孙正义回忆时却说：那时候杨致远只有20多岁，其他人也一样，但他们有激情、有梦想。

与其说孙正义投资年轻人的梦想，不如说是投资自己的梦想。孙正义说：互联网是我的信仰，我希望专注互联网，做到行业第一。

我们每个人都希望得到更好的东西：金钱、荣誉、爱情。可我们要明白，希望和强烈欲望之间是有很大差别的。如果你清楚自己想要得到些什么，如果你对自己目标的实现已经到了十分执着的程度，并且你能以不断的努力和制订合理的计划来坚持这份执着，那么你已经在发展你的明确目标了。

你不仅要清楚自己过去、现在的情况，更要明确自己将来要取得的成就。出色的人、企业、组织，不仅有自己的一周、一个月、一年、五年等中短期计划，还有十年、十五年等长期计划和目标。

人人都应该计划十年后的事情。没有目标的人会变成另一个人，也就无法不断成长。旅行之前要确立自己的目的地。人生，也应该规划自己的明确目标。

——时间期限原则

订立人生目标要有时间期限，不能信马由缰。同时要尽量发挥自己的才干，以取得最高的价值。下面两个很有效的步骤，可以帮助你做到这一点：

一是把你的理想分为工作、家庭、社交三方面。这样可以帮你正视未来的全貌。二是回答下列问题：我想完成哪些事情？我想成为什么样的人？哪些东西能使我得到满足？

下面的十年目标可以帮助你回答上述问题。

第一，十年后的工作。

1. 我希望达到哪种收入水平？

2. 我希望担负何种程度的责任？

3. 我希望拥有多大权力？

4. 我希望从工作中获得多大威望？

第二，十年后的家庭。

1. 我希望达到何种生活水平？

2. 我希望住进何种房子？

3. 我希望哪种旅游方式？

4. 我希望如何抚养孩子？

第三，十年后的社交。

1. 我希望拥有哪些朋友？

2. 我希望参加哪些社团？

3. 我希望参加哪些社会活动？

——可衡量原则

目标必须是可以衡量的。目标的可衡量性，也就是目标有没有达成要有一个清晰的界限，来区分哪些目标达成了，哪些目标没有达成。

既然目标需要达成，那么目标就要"可衡量"。例如，"每月减二公斤"的目标就比单纯的"我要减肥"这个目标要好，因为"每月减二公斤"的目标可以被衡量、可以被检验，能让人知道要做到的程度如何。

"我希望有一栋乡村别墅，房子是有白色圆柱的两层楼房。土地用篱笆围起来，可能还要有一两个鱼池，因为我和妻子都比较喜欢钓鱼。房子后面是一个都贝尔曼式的狗屋。我希望有一条长长的、弯曲的车道，两旁树木林立。"

"仅仅是一种房屋不见得是一个可爱的家。为了使我们的房子不仅是一个吃住的地方，我还要做一些值得去做的事情。当然我们绝不可背弃我们的信仰，要尽量参加教会活动。"

"十年后，我会有足够的金钱和能力让全家坐船去做环球旅行。如果没有充足的时间，我可以分做四五次短期旅行，每年到不同的地方参观。当然，这要视我的工作是否取得成功而定，因此要完成这些计划，我必须加倍努力才行。"

这是拿破仑·希尔教过的一位学员所制定的计划。当时这个学员仅有两家小

型的专卖店。制定计划后的五年，他已经有五家专卖店，并且已经买下17英亩的土地准备盖别墅，他正一步步地实现自己的计划和目标。

工作、家庭、社交三方面是紧密联系的，但对你影响最大的还是你的工作。你的家庭生活水平等状况，你在社交中的声望，大部分是以你的工作表现为衡量标准的。

——相关联原则

设定的目标要与自己的定位以及理想相关联，例如学生的主要任务是学习，如果你的目标是明年完成100件志愿者工作，那这个目标就偏离了主要方向。要确保这个目标的设定不与其他目标和大方向冲突，不能成为实现其他目标的阻碍。用一个形象的比喻就是你的目标是在捡芝麻，而不是摘西瓜。实现的目标越多，偏离正确的方向越远。

著名的80/20法则认为，每个人都有很多目标，但20%的关键目标，决定了80%的结果。你可能要财富，要朋友，要有一个好的事业，要有一个很好的未来。但一般来讲，你20%的目标就是：努力学习，专业于一行。在一个领域内做到出类拔萃，其他的不重要的目标自然而然就容易实现了。

换言之，在任何特定群体中，重要的因子通常只占少数，而不重要的因子则占多数，因此只要能控制具有重要性的少数因子即能控制全局。这个原理经过多年的演化，已变成当今管理学界所熟知的二八法则——即80%的公司利润来自20%的重要客户，其余20%的利润则来自80%的普通客户。

这就要求我们，要抓住主要矛盾，寻找生命中的20%，让它结出最甜美的果实。那么，我们在做人生规划时，就应该遵守下列原则：

鼓励特殊表现，而非赞美全面的平均努力；寻求科学捷径，而非全程参与；选择性寻找，而非巨细无遗地观察；在几件事情上追求卓越，不必事事都有好的表现；在日常生活中，找人来负责一些事务，可以让园艺师、汽车工人、装潢师和其他专业人士来发挥最大的效益，不需事必躬亲；小心选择事业，在企业工作，要敬业爱业，以老板心态奉献自己的才华；只做自己最能胜任且最能从中得到乐趣的事；从生活的深层去探索，找出那关键的20%，以达到80%的好处；平静，少做一些，锁定少数能以80/20法则完成的目标，不必苦苦追求所有机会。当我们处于创造力巅峰，幸运女神眷顾的时候，务必善用这少有的"幸运时刻"。

——可实现原则

目标必须是可以达到的，即目标必须是"跳一下才够得着的目标"。其一，目标不能太高，否则会让人望而却步；其二，目标不能没有挑战性，否则目标失去意义，难以给人动力。

正如去任何的目的地，都必须考虑到现实的出发点，建立任何目标，都必须考虑到现实的条件。

如果我们先确定目标，然后去准备能力的话，我们会发现能力提升的速度显而易见。根据自己能力来订立目标的人，他所订立的目标常常不会是什么太大的目标，并且他的能力似乎总是不见长进。因为没有大目标的牵引，你的能力也不会有太大的提升，没有太大的提升，当然也就不会达成太大的目标。能力是一个相对的概念，绝不是天生的，而是后天有计划地去准备的。先订立目标，后准备能力。确立一个有挑战性的目标，你的能力一定会在挑战中迅速提升。

在我们的大脑生理结构中有一个网状系统，是用来过滤信息的。这个系统中，有两种信息能够自动通过，一种是你认为重要的，一种是你认为是危害的。一旦确立，你就无疑给自己的大脑潜意识下了一道指令，与之相关的信息就是重要的信息。然后你的网状系统就会自动地帮助你过滤一些有用的信息。

先确立目标，然后与目标相关的信息就会自动地向你涌来。没有目标，我们

常常得到一些随机的、乱七八糟的信息。很多人都抱怨没有机遇，其实每个人每天都会面临着成千上万的机遇，只是他连目标都没有，所以什么机遇他都看不到。很多人都抱怨找不到帮助自己达成目标的信息。据专家统计，全世界一天正式发表的论文，如果让一个人全部看完，大概需要1100年的时间。不是没有信息，是我们不知道到底需要什么样的信息。依据现有的信息来确立我们的目标，我们很容易坠入信息的陷阱，过不多久我们就会发现，这并不是我们真正所需要的信息，或者是我们轻而易举地受到另一个信息的诱惑而放弃现在的追求。

——激励原则

所谓激励，就是鼓舞人们做出抉择并从事行动。激励能够提供动因。动因仅仅是个人体内的"内部推动力"，例如本能、情绪、态度、冲动、热情、习惯、愿望或是想法。动因能激励人行动起来。因此，在树立明确目标之后，你必须激励自己并迅速行动起来。

希望或别的力量也能使人行动，使人希望获得特殊的成就。要是你知道某些原则能激励自己，那么你也应该知道这些原则同样能激励别人；能够激励别人的原则，同样也能够激励你。

我们讲述别人成功和失败的特殊经历，就是为了激励你去从事理想的工作，实现你的目标。因此，为了激励自己，你要努力了解激励别人的原则；为了激励别人，你又要努力了解激励自己的原则。

用积极的心态激励自己，养成这一习惯之后，你就会发现，你可以把握自己的命运。

在你的每种思想和每个自觉行为的背后，都能发现一定的某种或某几种相结合的动机。分析起来，有十种基本的动机产生所有的思想和自觉的行为。没有人是不受到激励而去做任何事的。

当你为了一定的目的而要激励自己或激励别人时，你首先应当清楚地了解激励人的十种基本动机。它们是：

（1）自我保护的愿望。

（2）爱的愿望。

（3）恐惧的情绪。

（4）性的愿望。

（5）死后的生命愿望。

（6）获取身心自由的愿望。

（7）愤怒的情绪。

（8）憎恨的情绪。

（9）获取认同感和成就感的愿望。

（10）获取物质财富的愿望。

当然，激励既可以用在行动之前，也可以用在出现结果之后。完成目标之后，可以通过比如到迪拜旅游、买件好衣服、吃顿大餐等鼓励自己；没有完成目标，则可以通过比如剃光头、给单位同事每人5000元钱等惩罚自己，来逼迫自己努力去达成制定的目标。

总之，目标管理的核心原则就是遵循大家共知的SMART原则，分别是由Specific、Measurable、Attainable、Relevant、Time-based五个词组组成，这是我们制定目标的关键细化要点。用瘦身目标规划来举例如下：

S即Specific，代表具体的，应用在目标制定上就是我们制定的目标一定要明确详细和具体，不要太笼统。比如说有的人一旦身体太胖就会感觉到压力特别大，在制定减压目标时说"我身体一定要好"就比较抽象。什么叫好呢？必须要明确具体。我们用减肥瘦身来举例：可以制定成，比如体重由以前的103公斤瘦身到与自己身高相符的标准体重85公斤等,这样的减压目标就相对具体和明确。

M 即 Measurable,代表可度量的,指减压指标是数量化或者行为化的,验证这些指标的数据或者信息是可以获得的。比如说我的标准健康衡量指标是:正常心率是多少、正常血压、血糖、尿糖等是可以用科学仪器检测度量的。

A 即 Attainable,代表可实现的,指减压目标在付出努力的情况下可以实现,避免设立过高或过低的目标。假如您的体重现在是130公斤,您想明天就可以减到40公斤,这就是不现实的目标。要想做到现实,一定要符合瘦身的科学原理。比如通过科学健身方法在一年内让自己瘦掉20公斤,这样的目标是可以实现的。

R 即 Relevant,代表相关性,指实现减压目标与其他健康目标的关联情况。还是用减肥来举例:假如你制定瘦身30公斤目标就可以达成了,但是身体却得了高血压、高血糖、高血脂、胃溃疡等其他疾病,这样的减压目标就不科学、不合理,因为没有让身体其他关联性的健康目标达到正常水平,你又会产生新的压力。因此在制定瘦身减压目标的同时,要制定其他健康指标如血压、血糖、尿糖、肠胃、肝功等都要达到相关的正常水平。

T 即 Time－based,代表有时限,注重完成减压指标的特定期限。比如瘦身30公斤是10年完成,还是半年完成,必须给自己的减压目标达成设定一个科学合理的达成期限。如从2018年1月1日开始到2019年9月30日止,实现我的体重从95公斤到75公斤的正常标准体重;并且其他的血液等健康指标也完全达到正常,让我的身心灵和谐,达到全面减压的目标。

比如2010年我给自己制定的健康减压目标是:从2010年10月1日开始至2011年9月30日结束,我通过每天早晨打太极拳,中午休息时训练腹式呼吸,晚上用心灵冥想方法,让自己的体重保持在65公斤,血压、心率、血糖、尿糖等指标完全符合科学体检指标。心态积极开心快乐，情绪完全自我掌控，心灵深处热爱、感恩、感谢身边的一切人事物及周围的美好世界，让自己的身心灵全面和谐。再制作成健康减压目标图挂在自己家里的墙上，来提醒自己每天修炼，最终实现自己的健康减压目标。

现在请您按照上面讲的明确目标的方法来制定自己的人生目标。

你的人生目标是：

实现此目标的 SMART 原则是：

S: _____

M: _____

A: _____

R: _____

T: _____

问题小贴士：你的人生目标遵循了上述几个原则吗？

如何利用复盘来推动目标的完成

想想年初定下的目标和计划完成了多少？如果 100 分是满分，你给自己今年的计划进度打多少分呢？不管你给自己的进度打高分、低分，你都可以通过拆解"复盘的内容"，为计划做个阶段复盘！

按照 2011 年联想集团提出的复盘操作四步骤"回顾目标、评估结果、分析原因、总结经验"来进行目标复盘管理。

第一步：回顾目标

首先，回顾最初制定的详细的人生规划目标是什么预先制定的行动计划是什

么？最初的目的和意图是什么？这个问题主要是帮助我们知晓事情的进展情况。一件事情，是达成了目标，还是只完成了部分，都有谁参加了，做了哪些事情，碰到了什么困难，看看最初制定的目标是否遵循SMART原则，等等。

第二步：评估结果

接着，进行评估结果，看看目前为止实现的结果有哪些？哪些目标达成了？哪些还没有实现？中间的差距有多大？通过问"现在情况如何"了解当前的信息状况，与初始的目标比对，把握自身所处的位置。碰到了哪些困难和障碍？将如何处置？这是关于目标达成信息层面的问题。

第三步：分析原因

紧接着，根据结果分析原因。可以采用鱼骨图法、5W2H法等来分析原因：为什么达成了目标？为什么没有达成目标？从各个角度进行分析，尤其是主要从自身主观上分析原因，让自己获得成长，总结没有达成目标的自身差距。比如：我没有毅力坚持，我朝三暮四想着天上会掉馅饼，我忽略了哪些风险等，我的预备方案不足，我被别人思想所左右了，定力不是太够等等。

第四步：总结经验

比如可以问自己：我学到了什么？我有哪些启发和感悟？我的行动计划是什么？我如何改进自己的目标计划才能达成更好的结果？等等。

从中获得宝贵的目标改善经验。比如得出结论：每天晚上睡觉之前一定要对当天的目标完成情况进行及时复盘反思和总结，每天晚上睡觉之前一定要思考第二天白天要做哪些与目标有关的事情，根据每件事情的重要性进行排序，采用六条计划法来制定行动目标，每天进行清零管理，日事日毕，日清日结，每天早晚诵读人生规划的定位和信念，推动自己实现自己的目标，产生前进的动力，等等。

问题小贴士：请利用目标复盘四步骤对你的人生目标进行一次复盘。

第四章

不忘初心，方得始终
——使命力的修炼

做自己人生的卓越导演
——6P 定位人生规划

人生使命，就是你愿意奉献一生的事业，你愿意追求一生的终极愿望。使命是人生的向导，是你奋斗不懈的动力。只有拥有真正的使命，你才会真正成就一番事业，度过一个有意义的人生。每个人都肩负着特殊的使命，找到这个使命，就仿佛启动了内心的核动力，你将清晰洞察你的未来。

牢记使命，不忘初心。初心给了我们一种积极进取的状态。苹果公司创始人乔布斯说，创造的秘密就在于初学者的心态。经常回头望一下自己的来路，回忆起当初为什么启程；经常让自己回到起点，给自己鼓足从头开始的勇气；经常纯净自己的内心，给自己一双澄澈的眼睛。

人生之大幸是发现自己生活的使命

有人说：一个人，在他的有生之年，最大的不幸恐怕还不在于曾经遭受了多少困苦挫折，而在于他虽然终日忙碌，却不知道自己最适合做什么，最喜欢做什么，最需要做什么，只在迎来送往中匆匆度过一生。

而奥地利作家斯蒂芬·茨威格则说："一个人生命中最大的幸运，莫过于在他的人生中途，即在他年富力强的时候发现了自己的使命。"

可以说，我们都是生活的旅人。肩负使命、明确目标的朝圣者，坚定而神采飞扬；迷惘不前、浑浑噩噩的只能沦为漂泊者，不知归宿在何方，生活亦了无希望。"黑夜给了我黑色的眼睛，我却用它寻找光明。"我们在生活的洪流中摸索，只为了迎击人生的逆流。那么，只有明白自己的人生使命，才不至于迷失方向；终日碌碌无为，必将茫然失措，一事无成。

陶行知先生说过："人生为一大事来，做一大事去。"可以说，我们每个人来到地球乃是基于一个缘由，都肩负着特殊的使命。找到这个使命，就仿佛启动了内心的核动力，你将充满激情和动力，你将孜孜不倦，你将无悔无怨地做着你

第四章
不忘初心，方得始终——使命力的修炼

所喜欢的事情，你将清晰洞察你的未来，你将知道并深信自己的未来是个健康、富足、快乐、成功的一生，并且每天都享有这种感觉和喜悦，因为你知道它必定属于你。

斯鲁利·布洛托尼克对社会各阶层20年的研究结果表明，百万富翁之所以能成为百万富翁，是因为他们对自己所做的事情都极为投入。而只有爱你所做的事，你才可能对它极为投入。

如果你做自己喜欢的事情，获得的财富将不仅仅是以金钱来衡量。你还会拥有权力和影响力，成为一个对社会有极其重要贡献的了不起的人。

所以，我们必须明白自己的使命，否则人生未免迷茫。苏轼在苍颜白发之际叹一声论平生，苏州黄州琼州，即使天涯海角，依旧豪迈旷达，那是因为看清了使命；苏格拉底在被处死之际依旧傲然，使自己缔造的思想流芳百世，那是因为明确了使命；任正非看尽冷眼，受尽千辛万苦，力排当初的各种非议，一手缔造了当今世界赫赫有名的华为品牌，那是因为他心存打造中国自主品牌的强烈使命；比尔·盖茨放弃哈佛，成就微软，富甲一方，那是因为坚定了使命。

不难想象，使命让人初心不改、使命让人勇往直前、使命让人内心强大、使命让人披荆斩棘，收获成功。使命给了人像屈原般为理想"虽九死其犹未悔"的壮阔胸襟，这般人物必能活出自我，活出精彩，而深感幸运，无愧此生。看清使命便把握了人生最大的幸运，丢弃了使命就将生命的幸运拱手让给了他人。

上天不会青睐更不会把机遇给予连自己想要什么都不知道的人，海子期望"面朝大海，春暖花开"，但他一直未寻找到自己的大海。"天将降大任于斯人也"，而这般人物必是心中梦想明确的人。对于使命的探求不是伸手随意触及的心灵悸动。花开花落，云卷云舒，都能是我们心灵的悸动，但这绝不是我们的使命。

使命是我们内心的初衷动力，使命是我们为国家、为社会、为民族、为企业、

做自己人生的卓越导演
——6P定位人生规划

为家庭、为身边的人带来的帮助奉献和价值，是值得我们去践行，且让我们至死不渝地为他人服务。孔子言"四十而不惑"，若一个人尽早探求自己的使命，尽早使自己明白人生旅途中不惑的真正含义，相信他的人生会快乐精彩许多。

生命只有一次，我们的世界从不需要行尸走肉的人物，让我们坚定自己的使命，目光如炬，活出属于自我的精彩。

问题小贴士：你找到自己的人生使命了吗？

使命使我们关注自己的核心事业

拥有使命，就是在事业上拥有一个起到统领作用的重心。使命回答了下面这个问题：我的人生应当怎样度过？使命是强大的，因为它使你将精力都集中到某个有用的目标之上。

有个著名的《动物学校》的寓言故事，是这么写的：

有一天，动物们做出一项决定：它们必须做一件有勇有谋的事情，以迎接"新世界"衍生出的各种难题的挑战。因此它们组织了一所学校。

它们采用了活动课程的形式，科目有赛跑、攀登、游泳以及飞行。为了便于课程管理，所有的动物必须学习所有的科目。

鸭子是极棒的游泳能手，事实上，比它的教师更专业，但是，它在飞行上经过艰苦的训练，仅仅能通过级别考试，而在赛跑方面更是惭愧至极。既然它赛跑方面不行，就必须放学后留下来补课，以至于为了练习赛跑而放弃了游泳。这种情况一直持续着，直到它的脚蹼被严重磨穿为止。它在游泳方面只得了个唯一的及格成绩。而这个成绩是在学校训练中可以达到的，因此，除了要上学的鸭子之外，没有人在乎这件事。

第四章
不忘初心，方得始终——使命力的修炼

兔子在赛跑方面起初是班级的顶尖人物，无与伦比的，但是因为游泳前烦琐的化妆工作，居然也变得神经衰弱而落伍了。

松鼠这个攀登健将，突然有一天在飞行班级中遭受了一次挫折，他的老师要求他从地面向上而不是平时那种从树梢向下自由自在地跳跃。这种强化训练倒使他成了一匹"千里马"，然后在攀登中得到一个C，在赛跑方面得到了一个D。

鹰这个问题孩子也在接受着严格的训练。它击败了所有的对手最先到达树的顶端，但这是他坚持使用自己的方法的结果。

在学年结束的时候，一条本来就可以出色地游泳，稍微能跑、攀登和飞行的不同寻常的鳗鱼，平均分数最高，成了最后的告别演说者。

山拨鼠游离在学校之外，对抗税收，因为行政部门未将挖掘和打洞穴列入课程。它们让自己的孩子拜一只獾为师，后来土拨鼠和地鼠也纷纷加入到行列中来，成立了一所成功的私立学校。

寓言告诉我们，使命感源自人的内心世界，而不是外部所强加，尤其不是外部不顾实际情况的强加。强加的东西根本构不成使命感，也不会让人自觉自愿地投身于其中，当然不能取得理想的效果。

其实，使命力乃是一种促使人们采取行动，实现理想的心理状态，是决定人们行为取向和行为能力的关键因素。如果你认真观察一个人的行为取向，你就会发现他的内心赋予自我的使命力是什么。人们赋予自己的使命可能是多种多样的，譬如：为残疾的人提供服务，为他们争取应有的权利；熟练掌握企业各项业务的操作过程，为他人提供指导和咨询，帮助他们做好工作；培养一支忠诚可靠的员工队伍，以便把科研成果转化成为具有商业价值的产品，能够保持一定的市场地位；把球场上激发出来的才能，应用到咨询管理的新行业之中。

把自己的使命用文字写下来，对于人们把注意力集中在特定的事业上有很大

做自己人生的卓越导演
——6P 定位人生规划

帮助；但是，行动却可以让人们将自己的使命认识得更为清晰、更为具体。战胜挑战、完成使命的过程，可以使人的个性特长进一步得到加强，比如领导能力、合作能力、沟通技巧、逻辑思维能力、赞扬他人以及专心致志工作的能力等。

具有使命感的人，首先具有钢铁一般的意志，其次就是一个实干家。他富有极强的探索精神，勇于真心投入；他不是被动地等待着新使命的来临，而是积极主动地去寻找；他不是被动地适应新使命的要求，而是主动地去研究、变革所处的环境，尽量做出一些有意义的至关重要的贡献，并从中汲取再一次走向成功的经验。

按照马斯洛的"需求层次理论"，在六个层面上，生存这样的基本需求实在不足以让一个人迸发所有的热情和创造力。作为社会人，人们总在寻找归属感、认同感和成就感，而工作就是提供给他们实现这些愿望的最好途径。由此可见，使命感对人的激励作用是相当大的。

第二次世界大战中有一位传奇英雄：巴顿将军。他是军人的楷模，是胜利的标签，是使命的代名词。他能够成为战功赫赫的将军，就是因为他在很小的时候就意识到了自己作为军人的使命。他将这样的使命感化为催促自己奋勇向前的动力和激情，使他在枪林弹雨、硝云密布的战场上无坚不摧，所向披靡。

关于使命感的特征，就是你能够感受某一件事是整个世界都在推动着你去做，而且这件事非得你自己动手去做不可，当你真的去做了的时候，会感觉到自己和整个世界之间存在着密不可分的联系，而且你在做这件事的时候，感受到了非常强烈的精神满足感和动力。

总之，使命感使我们关注自己的核心事业，一直朝着自己的终极目标前进。

问题小贴士：请问你有没有人生的核心事业？

第四章
不忘初心，方得始终——使命力的修炼

使命力决定人生的境界

按照冯友兰先生的说法，人生是有境界区别的，并可以把人生境界划分为四个等级，分别是：自然境界、功利境界、道德境界、天地境界。

一个人做事，可能只是顺着他的本能或社会的风俗习惯。就像小孩和原始人那样，他做他所做的事，然而并无觉解，或不甚觉解。这样，他所做的事，对于他就没有意义，或很少意义。他的人生境界，就是上面所说的自然境界。

自然境界的人做事完全出自"本能"，类似于原始人的"日出而作，日落而息"。至于为什么要下地干活，他们也许并不知道。

一个人可能意识到他自己，为自己而做各种事。这并不意味着他必然是不道德的人。他可以做些事，其后果有利于他人，其动机则是利己的。所以他所做的各种事，对于他，有功利的意义。他的人生境界，就是上面所说的功利境界。

功利境界的人做事，则是归结于一个"利"字。"我为人人，人人为我"的出发点是为了别人，目的却是为了自己，对社会有益，是积极的功利行为；损人利己，为了自己不惜损坏别人，对社会有害，是消极的功利行为；至于损人不利己，则是"偷鸡不成反蚀把米"，害人害己，是愚蠢的功利行为。

还有的人，可能了解到社会的存在，他是社会的一员。这个社会是一个整体，他是这个整体的一部分。有这种觉解，他就为社会的利益做各种事，或如儒家所说，他做事是为了"正其义不谋其利"。他真正是有道德的人，他所做的都是符合严格的道德意义的道德行为。他所做的各种事都有道德的意义。所以他的人生境界，是道德境界。

古代有个叫杨密的官员，在一个漆黑的夜晚，拒收了属下送给他的贿赂。属

下很诧异：这件事没有人知道，你这样清高是做给谁看的？杨密坦然说出了这样的话：天知地知，你知我知，怎说无人知道？

与功利境界不同，道德境界的人做事则是另一个字"义"。"君子喻于义，小人喻于利""舍生取义，杀身成仁"，这些话语是对"义"的最好解释。"先天下之忧而忧，后天下之乐而乐"的范仲淹，"人生自古谁无死，留取丹心照汗青"的文天祥，"苟利国家生死以，岂因祸福避趋之"的林则徐，还有那些默默付出的人们，他们的伟大是他们对国家、对集体、对他人的那份牺牲，是那份不求回报的责任和良知。

最后，一个人可能了解到超乎社会整体之上，还有一个更大的整体，即宇宙。他不仅是社会的一员，同时还是宇宙的一员。他是社会组织的公民，同时还是孟子所说的"天民"。有这种觉解，他就为宇宙的利益而做各种事。他了解他所做的事的意义，自觉他正在做他所做的事。这种觉解为他构成了最高的人生境界，就是上面所说的天地境界。

一念之差，可以造成人生境界的千步差别。有三个工匠，同在干砌砖的活儿。第一个说自己在砌砖，第二个说自己在赚钱，第三个说自己在建造一座漂亮的房子。同样一件事，由于三个人的认识不同，心境不同，导致他们做事的境界不同。第一个是为了做而做，至于做得好不好，他不管；第二个是为了钱而做，砌一块砖，赚一些钱，至于砌得结实与否，好像与他无关；只有第三个人是为了心中的一个伟大设计而做，他时刻想到自己的梦想，也会时刻享受到成功的喜悦。我们的认识有多远，我们的行动就会有多远。第三个工匠的价值不仅仅在于完成了砌砖的任务，还在于实现了认识水平的提高，实现了心态的平和，是用自己较高的人生境界做事，幸福的鲜花理所当然为他绽放。

这四种人生境界之中，自然境界、功利境界的人，是人现在就是的人；道德

第四章
不忘初心,方得始终——使命力的修炼

境界、天地境界的人,是人应该成为的人。前两者是自然的产物,后两者是精神的创造。自然境界最低,往上是功利境界,再往上是道德境界,最后是天地境界。它们之所以如此,是由于自然境界,几乎不需要觉解;功利境界、道德境界,需要较多的觉解;天地境界则需要最多的觉解。道德境界有道德价值,天地境界有超道德价值。

按照中国传统文化的说法,文化经典的任务是帮助人达到道德境界和天地境界,特别是达到天地境界。而生活于道德境界的人就是贤人,生活于天地境界的人就是圣人。传统文化就是教人怎样成为圣贤的方法。

人生在世,赋予自己什么样的使命,其实就是把自己定格在什么样的境界上。为什么我们在工作学习中总有一种苦累的味道,有一种枯燥单调的感觉?关键是我们对做事的意义不明确,自觉性不高,自然而然地就心态不平和,生活质量也会逐渐下降。同样是上班,有的人只是看到八小时的劳累,有的人只是看到百十元的收入,却很少有人想到工作是一种生活的充实,是一种梦想的孕育,是一种价值的体现,是一种忙碌的幸福!我们认识上的偏颇,妨碍了心境的平和,也让我们离幸福越来越远。人生是在做事,不是在表演。我们的一生不是在创造奇迹,而是用自己的"心"在实实在在地做事,这就是我们对人生境界的最好解读。

人要活出自己的"境界",也许是忙碌生活中的一份坦然,也许是人生失意后的一份旷达。人生的境界是一个不断历练、不断成熟的过程,也是一次冷静选择、认真把握的结果。幸福始终把握在自己的手中,我们要以更高的人生境界,活出自我,活出洒脱。

问题小贴士:你相信人生境界之说吗?你希望达到的人生境界是什么?

做自己人生的卓越导演
——6P定位人生规划

使命的确立应兼顾三个因素

使命的确定,可以通俗地理解为职业的选择。如果你只可以将毕生精力倾注到一件事上,那会是什么呢?

我们无非要兼顾三方面的因素:第一,意愿取向,即愿景及喜好分析,就是我想做什么?其中体现的是价值观、理想和兴趣;第二,机会取向,即机会与挑战分析,包括组织环境、社会环境、经济环境和政治环境分析,就是我可以做什么?第三,能力取向,即看自己的技能、情商、性格、智慧方面,就是我能做什么?从而确定自己的人生使命。

几千年前,西方先圣苏格拉底在教诲人们时,提出了"认识你自己"的至理名言,在今天人们设计与选择个人目标时,更应该透析地"认识你自己",即需要以客观、求实、公正的态度,对自己进行全方位的剖析。

个人的身体状况如何?先天发育状态,身体素质的强弱程度,有无某方面的超常功能,均是选择目标的重要基础依据之一。

个人的智力状态如何?对自己的记忆力、思考力、反应力、敏捷度,及文字能力、计算能力、语言能力、推断能力等进行评价,是居于一般水平、中等状态还是较高程度?判断自我的形象思维能力、逻辑思维能力的状况,思考在某一方面的长期学习或从事某个领域的工作,最具有潜能发挥的可能。

自身的兴趣爱好是什么?对在儿童、少年、青年时期自我形成并逐渐显露天赋的兴趣爱好进行回顾与总结,是醉心于体育、艺术、绘画、歌唱还是喜爱对自然科学或社会科学中某一领域的深度思索?

自身的性格特征是什么?个人的性格是属于内向型性格,还是外向型性格?性格趋向上是积极性格,还是消极性格?性格上是否有比较独特的表现,或处于一种兼容性较强的状态等?通过比较全面地自我"透视",找出自己的优、劣、

第四章
不忘初心，方得始终——使命力的修炼

长、短，并排列归纳，争取对自我的身心状态、智能特征等，做出相对准确的判定，可使思考、设计、选择人生目标的基础扎实、依据可靠、准确性提升。

作为社会的人，无论是设定终极目标，还是阶段目标，自然离不开诸类社会因素的影响和制约。全方位地对个人所处的社会环境及相关方面，从宏观到微观进行扫描、了解、分析和掌握与个人目标相关联的各类信息，并对其做出评价，是设定人生目标的必备条件。

人们所处的历史阶段有何特征？社会发展中有无与个人命运相关联的重大事件，社会的政治、经济、文化发展趋向如何？个人准备涉足的领域、行业特征如何？是政治、行政、教育、文化、科研、法律等上层建筑领域，还是工业、农业、IT、生物、工程等产业领域，是处于传统类别还是新兴产业？对人才的需求和要求是什么？它们的中、长期发展趋向如何？所准备迈入的职业有何具体要求，是体力型为主还是智力型为主？智力型又有何特别要求，是需要逻辑思维强还是形象思维强，是自然科学的智力特征，还是社会科学的智力特征？

个人的家庭环境、人际环境如何？与个人发展及需求的经济条件、政治条件、人际条件处于何种状态，是相对较好，还是差距较小？有无短、中期改变的可能等？相对系统地扫描了外部环境，即为设定人生目标提供了现实的客观依据，增强了确立目标的可行性。

在对于个人自身与相关社会因素进行全方位扫描与透视的基础上，进一步对大量的内在和外在信息进行归纳、整理后，以个人意愿为导向，以学业、职业选择为基础，以自我身心和智能状态为依据，以客观状况为条件，进行综合分析和层层提炼，初步设计人生的使命目标蓝图。

当我们形成一定程度上的人生目标雏形后，需进一步从各方面论证，所定目标是否合理、可行，并在过程中予以修正和完善，最终形成相对满意而有吸引力的目标体系。

在人生目标的择定上,有时还会处于两难境地。我们只能本着比较优选的原则,在对两个或两个以上初设目标的优劣、长短进行比较分析后,在基本具备适应的客观环境与条件基础上,择定最能体现个人心愿、最能发挥个人智能特长、最与个人性格相适应的人生目标去拓展。柏拉图关于"人人都应去做适合自己天赋的事"的教诲,可作为人们择定目标的重要指南。可以看到,人们思考、准备与选定人生的目标是一个复杂而动态的过程,需要站在人生的战略高度去全身心地投入,千万不要对设定人生目标简单化、轻率化;要深知"找准目标就等于成功了一半",在准确择定人生目标的前提下,人们全身心地为实现目标而拼搏,成功命运的另一半就会随之翩然而至。

问题小贴士:你的人生使命是在兼顾三个因素情况下确定的吗?

使命力的修炼方法

我们的人生使命,无非是为了自己、为了他人和为了世界,可以从爱己、助人、爱世界、宽恕、一日身心灵等方面进行修炼(见图4-1所示)。

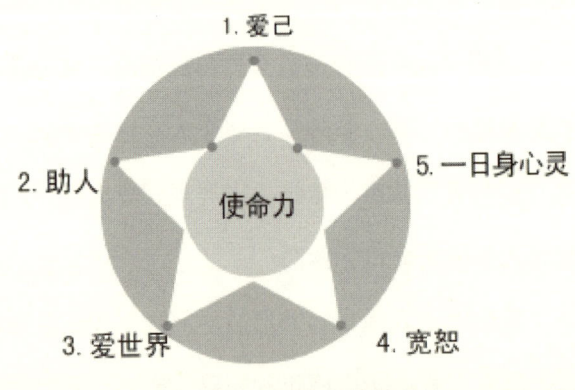

图4-1 使命力修炼法

第四章
不忘初心,方得始终——使命力的修炼

——爱己法

所谓爱自己,就是使自己变得更好。而变得更好的办法,一方面是尽量发挥自己的优势,另一方面是克服或者改进自己的缺陷。有句话说得非常好:"先爱自己才能爱别人。"

我一直都说,懂得爱自己才有能力去爱别人。人要想正确对待他人、对待环境,前提是要正确对待自己。所谓正确对待自己,是否就意味着要接纳自己、爱自己呢?怎样做才是正确的,怎样才算是真正爱自己呢?

首先,爱自己,不为难自己。如果我们年轻的时候不爱惜自己的身体,早晨长期不吃早饭就容易得胆囊炎、胆结石,一日三餐长期不按时吃饭就容易得胃溃疡、十二指肠球部溃疡,如果年轻时不坚持每天锻炼身体,将来就会体弱多病,就没有足够的能量去爱别人,去帮助身边的人。因此,要想实现我们的人生使命,首先从爱自己开始。对别人来说,你可能只是个无关紧要的人,而对于你自己,你却是整个世界。永远不要为了讨好别人而附和他,没有人会喜欢人云亦云、没有见解没有思想的人,要勇敢表达出自己的看法和想法。

其次,爱自己,不要有太多的非分欲望。欲望会把我们拖进无尽的深渊,我们会痛苦,我们会迷失自己。静心等待,时间会把属于我们的最好的一切带给我们。

当自己的愿望不能马上实现时,许多人就会觉得很痛苦,马上就想得到,没有耐心等待。当需要排队或等红灯时,我们也会很烦躁。我们需要答案,需要马上知道一切,我们希望不学习或不经过必要的过程就得到答案。

我们的心就像一块荒芜的园地,充满了自我憎恨的荆棘,绝望、愤怒、焦虑的石块,还有一棵叫作恐惧的老树要修剪。如果能把这些丑恶的东西清除掉,土地将变得适宜撒种,我们撒下一些种子,种下喜悦和成功的小树,阳光将照耀着这块园地,我们浇水施肥,用爱和关怀照料着它,那将会多么美好呀!

做自己人生的卓越导演
——6P定位人生规划

我们许多人总是喜欢吓自己，使得处境越发恶化，我们把一点小事想得很严重，总是往坏处想，这是一种可怕的生活方式。

如果你发现自己习惯性地在心里自我暗示不好的事，请用想象美好的事物来替代它，例如：美丽的风光、旭日东升、香气扑鼻的鲜花、体育运动或其他你喜欢的事。每次当你发现你在吓自己的时候，请想象这些美好的画面。只要你不断地这样做，最后将会改掉这种习惯，当然，这需要练习。

我们不能改变别人，那就先不用管别人，我们不用花那么多力气来改变别人，如果我们把一半的力气花在自己身上，就可以改变自己。当我们改变了自己，别人就会对我们做出不同于以往的回应。

——助人法

从前，有三个贫穷的人。一个理发师，一个裁缝，还有一个是鞋匠。

清晨起来，店铺开门了，但是他们三个人的小店却生意冷清。因为顾客们看到他们凌乱的头发和胡子、满是皱纹脏乎乎的皮鞋，还有破了洞的衣服，觉得很邋遢，于是连进来坐一下都不肯。

正午的阳光下，三个人各自蹲在门铺前发愁。各自心想：手里只剩下2块钱，晚上一家老小的伙食费都不够，怎么办？

还是理发师聪明。他先拿出一块钱到了裁缝铺，把衣服补好，熨得笔挺；再拿出一块钱，到了鞋匠那里，鞋匠精心地为他把鞋子擦得锃亮。收拾完毕，理发师站在了自己的店铺门口，顾客们看到这么精神抖擞并且干干净净的小伙子，都到这里来剪发。虽然他花了2块钱，但是理发的业务越来越好了。

裁缝和鞋匠看到后，十分羡慕。于是裁缝先到理发师那里花一块钱理了发；然后去鞋匠处又花了剩下的一块钱，把皮鞋擦亮。收拾完毕，顾客也陆续地上门了。

第四章
不忘初心，方得始终——使命力的修炼

鞋匠看到他们都开张了，终于决定如法炮制，先去理发师那里花了一块钱把自己的头发弄利落，又到裁缝铺花了一块钱补好了衣服。终于顾客也来光顾了。

读者游戏

请各位读者在家里或身边找上三个人，互相进行角色扮演，一位当擦鞋匠、一位当裁缝、一位当理发师，将上面故事的过程演绎出来，体验一下价值交换的过程。（在我的6P定位职业规划课堂上，学员们的体验特别深刻。）

从这个故事和游戏中，我们会发现，当我们想要去帮助别人，首先我们要自己具备足够大的价值。光有价值还不行，必须要去不断地帮助身边的人，价值只有交换了才有意义。价值越大，交换越多，帮助到的人群就越多，我们的人生过得才真正有意义，这就是人活着的使命。

因此，人生的真正使命应该是帮助到更多的人。在这一点上，我们可以向特蕾莎修女这样的人学习，以扩展自己的心胸、提升自己的境界。

1979年当诺贝尔奖评委会宣布把年度诺贝尔和平奖授予特蕾莎修女时，她似乎感到了某种困惑，因为她从未想到过获奖，而且做梦都没有想到过自己有一天会突然成为"富翁"——这是一个今天人们梦寐以求的生活理想。由于没有充分的准备，而且似乎自己并不适宜于当一个富人，特蕾莎修女本能地迟疑着，而且想拒绝这个奖项和这一大笔一夜之间就可以让她富起来的奖金。但是，诺贝尔奖评委会的颁奖理由却让她发现了自己应当领这个奖和怎样用这笔巨额奖金的理由或思路。

评委会说："她（特蕾莎）的事业有一个重要的特点：尊重人的个性，尊重人的天赋价值。那些最孤独的人、处境最悲惨的人，得到了她真诚的关怀和照料。这种情操发自她对人的尊重，完全没有居高施舍的姿态。"而且，"她个人成功地弥合了富国与穷国之间的鸿沟，她以尊重人类尊严的观念在两者之间建设了一

做自己人生的卓越导演
——6P 定位人生规划

座桥梁。"

作为毕生贡献于穷人和以照顾关怀世界上的弱者为一生己任的特蕾莎修女并非为这样的美誉而陶醉,而是通过这样的话语启示了她的思路,为什么不接受这个奖项和领取这笔巨额奖金呢,不是为她自己,而是为穷人、弱者和需要帮助的人。

没错,很多人都估计对了,她是要把这笔奖金全部捐赠出来,用到那些穷人、病人和孤独的人的身上。但是,特蕾莎修女似乎对此还不满足,而且对金钱还有更多的一丝"贪婪"。当她知道在颁奖仪式上为全体来宾所准备的国宴需要花费不菲的资金时,不禁黯然神伤,眼角溢出了闪光的东西,那是一种感伤的泪。

特蕾莎抹去了眼角的泪,带着深深的不安对诺贝尔奖颁奖仪式的主办方发出真诚的柔弱的但又几乎是难以拒绝的请求:客人们能不能不享用这次盛宴,而把这次盛宴的钱连同诺贝尔奖奖金一起赠给我。因为……因为……吃这餐饭可能是一种浪费。一顿豪华盛宴只能供100多人享用而已,如果把钱交给我们仁爱传教修女会使用的话,却可以让1500名印度穷人吃一天饱饭。特蕾莎说这番话的时候带着深深的不安。因为她的请求可能让很多尊贵的客人无法享用这顿风光无限的大餐,而且甚为扫兴,那里不仅有法国鹅肝酱、法国牛排、挪威鹿肉等世界名菜,而且还有全球名流、著名学者、头面人物、政要的济济一堂的荣耀与风光。但是,为了穷人,特蕾莎修女豁出去了。

出乎特蕾莎的意料,她的要求并没有得罪当年的高贵客人,反而深深地打动了他们。他们一致同意,取消那一年的盛宴,把办理盛宴的6000美元的餐费统统交给特蕾莎修女。特蕾莎修女遵守了自己的诺言,为穷人和孤独的人领奖,连同这笔盛宴费和当年的诺贝尔和平奖奖金192000美元,一并捐作麻风病防治基金之用。

其实,帮助别人就是帮助自己确立更大的使命感。特蕾莎修女无疑是值得学习的标杆。

——爱世界法

所谓爱世界，就是要从狭隘的自己中解脱出来，要为世界变好而活着。

中国传统文化讲仁爱，佛家讲慈悲，西方宗教讲博爱，其实都是在讲爱整个世界和人类。

孟子曰："君子所以异于人者，以其存心也。君子以仁存心，以礼存心。仁者爱人，有礼者敬人。爱人者，人恒爱之；敬人者，人恒敬之。"正如习近平总书记提出的我们人类是"全球命运共同体"，世界各国人民都应该互相包容、帮助、理解、共同发展。没错，仁爱的人爱别人，礼让的人尊敬别人。爱别人的人，别人也经常爱他；尊敬别人的人，别人也经常尊敬他。常言道"爱出者爱返，福往者福致"，而无独有偶，西方的经典著作《圣经》中同样也有句话："你想让别人如何对待你，你就必须以同样的方式对待别人。"在现代社会，这种思想也无时无刻不影响着我们的生活与工作。

用爱自己的心态，去对待我们的工作和事业。因为每份工作来之不易，每个平台都是我们演绎人生的舞台。作为下属最大的价值在于帮助我们的上司去解决问题、消灭问题，甚至杜绝问题，防患于未然。作为管理者，最大的初衷就是让我们帮助他们去解决问题，而不是给领导挖坑，把他自己陷入下属带来的困境中。

管理大师彼得·德鲁克曾说："一名员工对于一家企业来说算什么？我们到一家企业工作，就应该把这家企业当成自己的客户，把自己看作一家公司，把自己的劳动成果看作自己的作品。"

当我们真正用心去帮助别人的时候，我们其实是在不经意地强大自己，在强大自己的过程中，我们会发现很多的机会、潜能及贵人所在。

花若盛开，蝴蝶自来！

做自己人生的卓越导演
——6P定位人生规划

回过头来想想，帮助他人、成就他人的同时，我们首先想到的是爱己、助己，最终助的也是我们自己。

——宽恕法

我们在人生之路中，肯定会遭遇不一而足的人际摩擦和纠葛。如果总是斤斤计较，显然会耽误我们奔向人生的目标，也会影响自己的心态。所以，我们要修炼宽恕的胸怀。

宽容别人，其实是在宽恕自己。有些时候，你的不宽容别人可能没感觉，却把自己丢入了心心念念的地狱。

有一个故事讲，仙崖禅师曾经收过一个贪玩的徒弟，他耐不住寺院的寂寞，常常在傍晚时分趁着禅师不注意偷偷溜出院子去玩，天快亮的时候再悄无声息地溜回来。

有一天傍晚，他在后院的高墙下又架起一张高脚凳，翻墙溜出去了。正在院子里散步的仙崖禅师忽然发现了墙角边的这张凳子，就知道有人违规越墙出去闲逛了，但禅师并没有动怒，而是走到墙边，将凳子搬到一边，就地而蹲，等待溜出去的人归来。

夜深人静的时候，禅师的那位徒弟尽兴归来，不知道墙下的凳子已被搬走，黑暗中踩着禅师的脊背跳进了院子。当他双脚落地的时候，才发现刚才自己踩的不是凳子，而是自己的师傅，顿时吓得魂飞魄散，一动不动地矗立在那里，连大气都不敢喘一口。

但是，令徒弟没有想到的是，师傅并没有厉声责备他，反而关心地说："夜深天凉，快去多穿一件衣服。"

徒弟回到住处，坐卧不宁，翻来覆去睡不着觉，生怕第二天师傅会当着所有学僧的面批评他。但是一天天过去了，师傅从来没有再提到过此事，也没有第三

第四章 不忘初心，方得始终——使命力的修炼

个人知道。徒弟这才渐渐恢复了内心的平静，并为此感到深深自责。从此他再也没有偷偷溜出去玩耍，而是一心一意跟随师傅学习本领，最终成为深有造诣的高僧。

仙崖禅师对徒弟的过错并没有纠正，而是通过宽容的方式，让徒弟自己教育自己、自我改过，这比一味地批评指责更能达到育人的效果。

现实中也是这样，冒犯我们的人可能有错，也可能没错。其实我们完全可以试着理解对方，站在对方角度考虑问题。比如可以在心里对自己默念：

"和我一样，他（她）也在追求健康和幸福"。

"和我一样，他（她）也想摆脱烦恼与痛苦"。

"和我一样，他（她）也有无奈和孤独"。

"和我一样，他（她）也在寻求精神上的需要和物质上的满足"。

"和我一样，他（她）也在成长之中，也在学着了解生命、珍惜生命。"

当然，宽恕他人的过错并不是轻易就能做到的，它是人生难得的佳境，一种需要操练、需要修行才能达到的从容、超然和成熟。宽恕之所以困难，是因为我们都认为，每个人都应该为自己所犯的错误付出代价，这样才符合公平正义的原则，否则岂不便宜了犯错误的一方？但是，不宽恕会产生什么结果呢？痛苦、埋怨、憎恶、报复？这对自己又有什么好处呢？在怨恨中，没有人是赢家，让怒气长期在胸中燃烧，只会灼伤自己，为别人的过错耿耿于怀，只会让自己陷入久久不能释怀的挣扎。只有当我们原谅了别人的过失，才会解开心锁，释放自己！原谅，就是抛开心中的怨、恨、不满、不甘，就是一种慈悲、一种解脱！

宽恕别人的最高境界莫过于一个人得罪了你，你不但不跟他计较，不向他报仇，反而原谅他，宽恕他，必要时，还去帮助他。当一个人用宽恕的修养把敌人转化为朋友，当一个人用宽容的美德换来自己身心灵的豁达时，难道他不是把最

好的东西留给了自己吗？

读者小贴士：

1. 请读者朋友现在马上写出"和我一样……"的宽恕文，对着曾经伤害到你的人。

"和我一样，（伤害到您的人的名字）也在追求健康和幸福"。

"和我一样，（名字）也想摆脱烦恼与痛苦"。

"和我一样，（名字）也有无奈和孤独"。

"和我一样，（名字）也在寻求精神上的需要和物质上的满足"。

"和我一样，（名字）也在成长之中，也在学着了解生命、珍惜生命。"

2. 请将上面的宽恕文字，"和我一样……"制作成精美的宽恕卡，塑封后放在自己的办公桌上或者家里每天提醒自己学会去宽恕他（她）人。

——一日身心灵法

如今，越来越多的人开始关注身心灵的成长，极具包容性和多元性的身心灵潮流，涵盖了东西方哲学、宗教、心理学的融汇与发展，出现了很多各具特色的身心灵修行体系，发展出不同层面和体系的身心灵疗愈活动，比如自然疗法、禅修、静心、内观、催眠、家庭系统排列等。

所谓身，就是指身体，包括可见思维肉体和不可见的"能量体"。所谓心，就是指心理、心智、心灵，不仅包括我们的意识、思维、情感，也涵盖更广大、多层次的潜意识。所谓灵，就是大我、灵性、精神，是超越身体和心智的更广大的存在，是宇宙万物皆具的能量，是我们的本来面目，是光明、清静、平安、喜悦、丰盛、创造、智慧、大爱的源头。身心灵注重的是三个层面的统一与和谐，将人视作身心灵的统合体，以寻求整体的健康与灵性的成长。

现在的人过度追求外在成就而忽略了心灵需求，整个人因之陷入了精神痛苦

第四章 不忘初心，方得始终——使命力的修炼

期，最强烈的表现就是现代文化所特有的烦躁和焦虑，以及个体失去生命立场之后的虚无感——精神上的真空。

21世纪的身心灵修炼，应该是与生活紧密结合的务实修行。修行最好的道场就是人间，人在外界的关系中经历问题，无不是内在问题的显现或外化，与内在自我的关系出现问题，必然难以在各种关系中找到和谐，实践真爱。

我们可以通过一日身心灵修炼，来不断提升自己的身心灵境界，进而唤醒我们的使命力和大爱。

1. 睡醒：觉察身心灵的和谐、温馨、安详、宁静，体验放松感，进行深呼吸，享受头顶上空的太阳光。

2. 洗脸刷牙：想象清水洗掉一切烦恼痛苦。

3. 喝水：吸进大海圣水中的所有灵性能量，在体内流淌波动循环。

4. 上厕所：随着大小便排出体内所有的细菌病毒和毒素。

5. 呼吸：一整天随时觉察呼吸，它是生命的能量交换，想象与宇宙进行联接。

6. 吃饭：给予我生命滋养、能量和力量，觉察食物的滋养和供给。

7. 行走：走路放松，觉察其中。专注于大地、风、声音、气味、景色。感谢看见的生灵众生。

8. 站坐排队：坐稳踏实；站，冥想有一个线拉直你的脊椎。

9. 体验工作：在工作中发生即恩典，正念享受和庆祝。开放心态。

10. 看：以仁慈、关爱、喜悦、温馨、微笑的眼睛看周围的人、东西、颜色。

11. 说话：我们用仁慈、关怀、抚慰、温馨、坦诚的心来与人交流沟通。

12. 睡觉：观想光，以恭敬心在光中睡觉。治疗失眠，带着觉察而觉醒。

问题小贴士：有道是，有多大的胸怀，干多大的事业。那么你怎么评价自己的胸怀呢？

第五章

你认为你是谁，你就是谁
——定位力修炼

做自己人生的卓越导演
——6P定位人生规划

给自己的人生定位非常关键,因为你怎么定位,你的人生就会怎么展开。在当下的经营人生过程中,有太多的人完全是"跟着感觉走",经营方式非常传统而又粗犷。所以,相当多的人其人生经营质量不高,幸福感不强。原则上讲,就是因为这些人的人生定位出了问题。

接下来,我给大家分享一个寓言故事。

有一天,猎人无意中找到了一个鹰巢,其中有两枚鹰蛋。猎人把鹰蛋带回了家,他想训练出两只猎鹰,于是就把两枚蛋放在家中母鸡所孵的鸡蛋中间。经过母鸡的孵化,小鹰和小鸡没过多久就都出世了。它们都受到母鸡的照料,谁也看不出小鹰与小鸡有什么不同。两只小鹰慢慢成长,体型和别的小鸡越来越不同,但生活方式却没有什么改变,只能用尖利的爪子和嘴啄食吃。

有一天,一只老鹰从上空飞过,小鸡们都慌忙躲了起来,只有两只小鹰仍然站在原地昂着头赞叹道:"如果有一天我也能像老鹰一样飞翔,那该多好啊!"然而,它们的这番话却引来了一片嘲笑声。母鸡首先掉过头来责备道:"孩子,别痴心妄想了,你们不过是小鸡而已,还是老老实实地去多找点食物吧!别把心思花在没用的地方。"其他的小鸡也说道:"妈妈说得对极了,你们两个就不要胡思乱想了,今天的食物还没找到呢!"面对这些嘲弄和讥讽,其中一只小鹰放弃了,它默默地回到了鸡群中,跟着鸡群寻找食物去了。而另一只小鹰则对自己说:"我有老鹰一样健壮的翅膀,它能飞,为什么我不能?"

于是,这只小鹰离开了鸡群,开始自己练习飞行。因为它年龄小,力气弱,又没有别人指导,刚开始时摔得全身疼痛。不过,它心中始终认定自己就是一只雄鹰,因此飞翔的信念始终在它心中,正是这股认定与信念支撑着它面对一次次失败却永不气馁,从哪里跌倒就从哪里爬起来,最终战胜困难。

终于有一天,这只小鹰一飞冲天了,它不但摆脱了猎人的束缚,而且能够在

天空自由翱翔。而另一只小鹰的结局却是悲惨的,因为它不敢违抗别的小鸡们的意志,不敢做出飞行的尝试,所以永远只能做一只小鸡,无法成为搏击长空的雄鹰。最后,没有达到目的的猎人一气之下把它杀了,做成自己的下酒菜。

可见,心中对自己的认定是多么的重要,定位等于地位。没有了正确的心中认定,连天空的主人——老鹰——都不能翱翔蓝天。反之,有了正确的认定,你就算是生长在鸡窝的环境里也能一飞冲天。

人类也是一样,没有正确的心中认定,即使是天才也只能成为白痴,因为他不敢去尝试;相反,如果有了正确的心中认定,定位准确,白痴也能训练成为天才。这种例子不胜枚举,例如爱迪生、爱因斯坦等伟大人物,他们当初都并不聪明,但正是因为他们有坚定的自我认定和坚强的信念,爱迪生才能够在失败千百次之后仍然保持坚定的信心,爱因斯坦也才能突破原有理论的束缚,发现相对论。

其实,所谓人生的成功,不过是角色扮演的成功。把定位力修炼好,人生成功自然可期。

人生不过是角色扮演

我在6P定位人生规划课堂上,一般会要求学员们扮演不同的角色来体验自己内心和行为方式及能力的转变。读者们此时也可以一起来体验一下。

读者小贴士

1.心中想象自己现在就是以下角色,看看自己内心的感觉是怎样的?有什么不一样?

乞丐;国王;老板;女模特;疯子。

2.请找身边的朋友或家人一起分别扮演以上五个角色,串联成一段情景剧,看看内心有何感受?您有何启发?

您会发现，不同的角色扮演下，内心的感悟启发体验就会不一样，角色扮演越投入越深入，就越感觉自己真的好像就是扮演的那个人，因此您的行为方式、说话做事都会跟着一起发生变化。

所以，随着社会化的不断发展，社会就如一个大舞台，每个人都在扮演不同的角色，全社会在演一场没有彩排的戏，每个人都是编剧，自己的角色自己设计和导演，但有个条件，这部戏开拍了就不能重来。

"角色"一词在现代汉语词典里的解释有两个：第一个是戏剧或电影、电视中，演员扮演的剧中人物；另一个是比喻生活中某种类型的人物。从这个解释不难看出"角色"一词最早出现在戏剧中，文艺复兴时期英国著名的戏剧家莎士比亚曾在剧本《皆大欢喜》中写道："全世界是一个舞台，所有的男人和女人都是演员，他们各有自己的进口与出口，一个人在一生中扮演许多角色"。

社会心理学关于角色的定义是：与某一特殊位置有关联的行为模式。它指出了个人在社会中的地位和社会关系的联系位置，也代表了每个人的身份。家庭角色就应是人在家庭的地位及其相应的行为模式。家庭角色也是最根本的角色，是一个很自然的生命进程伴随者。然后是亲情角色或称伦理角色。最后是职业角色，立足于这个世界上，有一个属于自己的职业定位，或从政，或经商，或执教，或做工，或做安身立命的一份工作。对为每一个社会人来说，在一生的角色扮演中，除去血缘、遗传因素为自己确定的人生角色外，更多情况下大多人生角色的定位，都是更好地承担社会责任、履行社会义务、处理人与社会之间关系中形成的各种不同的社会角色，人的生存价值无疑就体现在你扮演的各种角色中。

人生就像一个大舞台，没有彩排，人在一生中的不同时期扮演着多重角色且在不时地变换着角色，角色转换之间，其实是一种不同性格的交集、思想的交融、生活方式的互补、观念的碰撞与融合。就要适应角色需要，尽量扮演好。但无论

第五章
你认为你是谁，你就是谁——定位力修炼

什么角色，只要怀有一颗赤诚的心、负责的心、火热的心和处事得当的技巧、策略的把握，弄清角色赋予的特殊使命，就一定能够完成和胜任好新的角色，解决好新的课题，也就会品味到角色对生命的深刻抚慰，收获新的爱与生命之赏赐，带着快乐穿梭于不同的角色之间。

所谓人生的成功，其实就是角色扮演的成功。生活中我们只有朋友和对手，没有敌人，真正的敌人只有自己。如果生活中遭遇了失败，那往往是你自己打败自己的。因此，只要管住了自己，就管住了自己的敌人，在漫长的人生道路上就会走得更远、更顺一些。

演员们常说："一出戏里只有小演员，没有小角色。"所以要懂得不断挑战自我，在逆境中成长，在顺境中戒骄戒躁。只有扮演好自己的角色，紧紧抓住幸福的底线，才能够在体验美味幸福的同时，为自己勾勒出一个完美的人生弧线。

一位父亲带着儿子去参观梵高故居，在看过那张小木床及裂了口的皮鞋之后，儿子问父亲："梵高不是百万富翁吗？"父亲答："梵高是位连妻子都没娶上的穷人。"第二年，这位父亲带儿子去丹麦，在安徒生的故居前，儿子又困惑地问："爸爸，安徒生不是生活在皇宫里吗？"父亲答："安徒生是位鞋匠的儿子，他就生活在这栋阁楼里。"这位父亲是一名水手，他每年往来于大西洋各个港口，儿子叫伊东·布拉格，是美国历史上第一位获普利策奖的黑人记者。20年后，在回忆童年时，他说："那时我们家很穷，父母都靠卖苦力为生。有很长一段时间，我一直认为像我们这样地位卑微的黑人是不可能有什么出息的。好在父亲让我认识了梵高和安徒生，通过这两个人，我知道，上帝没有轻看卑微，每个人活着都要扮演不同的角色，每个人要做的就是演好自己。"

其实，很多时候，是人自己看低了自己，因为自卑而怨恨命运，从而变得自

做自己人生的**卓越导演**
——6P定位人生规划

暴自弃，不仅失去了对生活的美好追求，而且，面对自己的角色，永远无法入戏，无法扮演好自己的角色，也根本无法享受生活的幸福和甜美。然而故事中的主人公伊东·布拉格没有因为自己是黑人而小瞧自己，也没有因此而自卑，他尽管扮演着看似低微的角色，却让自己的人生无怨无悔。而他的成功，也正因为他懂得扮演好自己的角色，并通过努力去证明，即便是卑微的角色，只要演绎好自己的角色，照样能取得辉煌的成功和自己所期望的幸福生活。

许多时候，一个人出生的环境和将来能否成功并没有直接联系，因出身卑微而否定自己，放弃梦想，甚至因为别人的歧视就萎靡不振的人，即使得到上帝的眷顾，也不会有所作为。其实上帝不会轻看任何一个人，只是有时候，他喜欢把高贵的灵魂赋予卑贱的肉体，让他接受考验而已。所以不要看轻自己，记得在生活的戏里，扮演好自己的角色。请相信，你的存在就已证明了你的价值。

问题小贴士：你认同"人生只有小演员，没有小角色"的说法吗？

心有多大，世界就有多大

心是一个人的翅膀，心有多大，世界就有多大。很多时候限制我们的，不是周遭的环境，也不是他人的言行，而是我们自己的内心。看不开、忘不了、放不下，把自己囚禁在灰暗的记忆里；不敢想、不自信、不行动，把自己局限在固定的空间里……如果不能打破心的禁锢，即使给你整个天空，你也找不到自由的感觉。

相信许多人都听过放羊娃的故事，我也可以说很多人也正在过着他一样的生活，也许你的工作比他放羊轻松，挣得多，但本质上你们是一样的：赚钱、结婚、生小孩，小孩再赚钱、结婚、生小孩，就这样循环着一生。可是，这样的生活意义在哪里呢？等到有一天你的孩子问起你的过去时，你能跟他说什么，

第五章
你认为你是谁，你就是谁——定位力修炼

你该拿什么让他引以为豪？当你晚年回忆过去的时候：你是想让自己为自己曾经对梦想的执着而骄傲、自豪；还是想让自己为自己一生的碌碌无为、平平庸庸而悔恨、悲伤？

三个工人在工地砌墙，有人问他们在干吗？第一个人生气地说：砌墙，你没看到吗？第二个人笑笑说：我们在盖一幢高楼。第三个人笑容满面：我们正在建一座新城市。10年后，第一个人仍然在砌墙，第二个人成了工程师，而第三个人，是前两个人的老板。可见，心有多大，舞台就有多大。

曾国藩曾说过："盖士人读书，第一要有志，第二要有识，第三要有恒。"这句话不仅是给读书人的一句忠告，更应该是我们每一个人对生活的态度。有志之人，才不会甘为下流，才不会甘心平庸；有识之人，才不会安于现状，才不会默默无闻；有恒之人才不会怨天尤人，才不会半途而废。曾国藩把志放在了第一位，足见他对志向的重视，只有胸怀远大志向的人，才会有去学习、去认知的想法，也才会有坚持到底的理由。

战国末期，那时的李斯只有26岁，是楚国蔡郡府里一个看守粮仓的小文书。他的工作是负责舱内存粮进出的登记，将一笔笔粮食的进出情况记录清楚。

有一天，李斯进了厕所，尚未解手，却惊动了厕所内的一群老鼠。这群在厕所内安身的老鼠，瘦小枯干探头缩爪，且毛色灰暗，身上又脏又臭，让人恶心至极。

有一天，李斯看见这些老鼠，忽然想起了自己管理的粮仓中的老鼠。那些家伙，一个个吃得脑满肠肥，皮毛油亮，整日在粮仓中大快朵颐，逍遥自在。与眼前厕所里的这些老鼠相比，真是天上地下啊！人生如鼠，位置不同，命运也不同啊。自己在蔡郡城里这个小小的粮仓中做了8年小文书，从未见过外面的世界，不就如同这些厕所里的老鼠吗？整日在这里挣扎，却不知道粮仓这样的天堂。

李斯决定换一种生活方式，第二天他就离开了这座小城，去投奔一代儒学大师

做自己人生的卓越导演
——6P定位人生规划

苟况,开始自己寻找"粮仓"的道路。20多年后,他把家安在了秦都咸阳丞相府中。

古今中外,凡能成就一番伟业的,都是那些格局高远、视野宽广、心胸开阔的人。张良未雨绸缪,赢得汉高祖刘邦"夫运筹帷幄之中,决胜千里之外"之美誉;李世民志向远大,故能开创大唐盛世,成为旷古少有的真英雄……拥有大格局的人,往往能以大视角切入人生,力求站得更高、看得更远、做得更大,能够掌控局势,决定着事物发展的方向。

近代著名的军事家、政治家曾国藩在谈到如何将事业做大时,有这样一句名言:"谋大事者首重格局。"的确如此。一个人格局一大,哪怕从外表看起来,他似乎一无所有,但胸中却会拥有10万雄兵,这样一来,自然就能征服世界了。难怪有诗云"笔底伏波三千丈,胸中藏甲百万兵",形容的,就是善于造势,善于布局的人啊!简而言之,就是心有多大,世界就有多大!

问题小贴士:成功者也有境界高低之分,你愿意做什么样的成功者呢?

战胜自己的人才是真强者

老子在《道德经》中说:"胜人者有力,自胜者强。"意思是,能战胜他人的有力量,能战胜自己的才是强者。

"胜人者",凭借的是自我个体的蛮力;"自胜者",凭借的是坚强的意志。能够战胜自我的人,是具有勇气和毅力的人。勇气和毅力,是战胜一切的力量源泉。只有"自胜者",才是真正的强者。能以己之长处胜过别人,则可以形容为"有力"。而真正做到战胜自己,就要除去自己的弱点和缺陷,这才是真正的"强"。

老子说的"自胜",可能包含了两种不同的意义。前一种就是克制、战胜自我。老子认为"自胜"比"胜人"更为困难,是因为我们自身的人格缺陷以及恶

第五章 你认为你是谁，你就是谁——定位力修炼

劣的习性，都是根深蒂固的东西，是"自我"的构成因素。另一种意义，就是在自我与他人的关系中，不必把注意力放在如何压倒别人、把自我与他人置于对抗的位置，而只需要关心如何发展自己、完善自己。这一层意义与前一层意义，其实是一件事情的两面。人必须战胜自我的人格缺陷，才谈得上完善与发展。一般人说"胜"的时候，总是把眼睛盯着某个对手，而不能达到真正的"强"。

老子这句话被许多历史事实所证明。越王勾践卧薪尝胆的过程，也就是战胜自己的过程。越国经过十年生聚，十年教训，终于打败吴国，报仇雪耻。东汉杨震战胜贪念，不欺暗室，夜拒受金，名垂青史。唐太宗李世民二十多岁就当皇帝，他克制骄奢淫逸的思想励精图治，开创了贞观之治，史称一代明君。文王拘而演《周易》；仲尼厄而作《春秋》；左丘失明，厥有《国语》；孙子膑脚，兵法修列。他们都是能够战胜自己才成就辉煌业绩的。美国总统罗斯福成为坐在轮椅上玩转世界的巨人。他们由于战胜了自己而铸就了人生的辉煌。无数的事实证明，战胜自己，才能够成为真正的强者。

数不清的事实告诉我们一个道理，最伟大的人，是那些自始至终能够战胜自己的人。要拥有一个健康的人生，就必须自己战胜自己。在小事上战胜不了自己，就会有小的失败；在大事上战胜不了自己，就会有大的失败；一生从来都不能战胜自己的人，他的一生注定只会是非常失败的一生。

要战胜自己，必须要认识自己。实际上，认识自己，是天下最难的事。人的盲目性不单纯表现在对外界事物的看法和态度上，有时自己对自己认识上的盲目性则要明显得多。我们时常所说的缺乏自知之明，指的就是自己对自己缺乏正确的认识，缺乏正确的估计，自己对自己的认识存在严重的盲目性。有些人在评估别人的时候，往往能够细致入微，头头是道，恰如其分；当评价自己的时候，对自己认识上的盲目性就充分地表现出来了，怎么也评价不到点子上，特别是对自

做自己人生的卓越导演
——6P定位人生规划

己的短处，很难能够全面地、深刻地评价出来。有时即便能够看到自己的某些短处，大多看的也是表面现象，看到一些皮毛而已，很难实事求是地找到这些短处的根源所在。如果一个人不能够正确认识自己、正确地评价自己，那又怎么能够战胜自己呢？

要认识自己的思想境界，是个很难的问题。如果要对自己的思想境界有一个正确的认识，那就更难了。每个人的言行都是限制在自己思想境界范围之内的。离开了自己的思想境界允许的范围，是什么事情也不会主动去做的。一个人，如果凡事只想到自己，他的思想境界定位也就只能够在自己身上，就会一切都围绕自己去考虑。一个人的思想境界决定着一个人的思维态势，决定着一个人的行为能力，决定着一个人的价值取向。要认识自己，最关键的是要认识自己的思想境界，要明确自己的思想境界应该定位在何方，看自己的思想境界与所定的位置尚有多大差距，然后不断加强修养，不断补充自己，完善自己，使自己的思想境界不断走向高尚、完美。

但在现实生活中，最难把握的并不是自己的思想境界应该定位在何方，而是认识自己的思想境界实际上于何方。因为人的习惯心理往往容易过高地估价自己，往往容易自我感觉良好，往往不能够恰如其分地找到自己思想境界的实际位置。也就是说，自己的认识与自己思想境界的实际位置相脱节。一旦出现这样的状况，那么无论有怎样好的思想修养方法和自我改造措施，都只能等于零，对自己都是毫无实际作用的。

王阳明说："破山中贼易，破心中贼难。"每个人都有自己不健康的情感、不良的生活习惯，甚至还有一些见不得人的欲望。如果我们成了这些情感、欲望的俘虏，我们就会变得荒淫、自私、贪婪、怯懦、懒惰，那样，什么坏事和丑事都可能干得出来，我们就成了披着人皮的野兽，任何一件有价值的事情也办不好。

"成人不自在，自在不成人"。成人立业没有不断地"破心中贼"的意志肯定是不行的。

人生最大的挑战就是战胜自己，唯独自己是最难战胜的。有位作家说得好："自己把自己说服了，是一种理智的胜利；自己被自己感动了，是一种心灵的升华；自己把自己征服了，是一种人生的成熟。大凡征服了自己的人，就有力量征服一切挫折、痛苦和不幸。"

问题小贴士：你认为，战胜自己是指什么呢？

自我定位与社会定位相协调

的确，人类一直都在探寻"我是谁"的答案，从希腊时期的苏格拉底到存在主义哲学家萨特，他们一直都在思索、探寻。其实，"我是谁"也是现实人生中自我定位的问题。

定位是什么？就是人或事归于适当的位置并做出的某种评价。一位心理学博士就曾经感慨："我从事心理学研究十几年，一个最真切的感受就是做人要有清晰的定位感。"

人活在世上，要有坐标，要有方向，就得给自己定位。不然，难免出现心高命蹇、徒劳空耗、得不偿失的结果。

一个人内心一旦确认了自我身份的话，他的一言一行就会把自己塑造成那种内心的形象，并且一生不变。

自我确认的定位能最大限度地影响我们的生活、事业以及一切，并能让你出人头地。

"自我确认"是指心灵深处对自我的界定，这种定义会使我们跟别人迥然有

别。换一种说法就是我们在内心深处对自己形象的塑造。如果你自己的形象定位在自己的心中就是一个出人头地者，是一个才华横溢能力超群之士，那么你肯定会尽情发挥你的天赋，最终，你必将成为一名鹤立鸡群者。

有一个事实：日本人种了一种树，他们称之为邦赛树。它长得很美，而且造型完整，但高度只有几寸而已。而在美国加州，有种被称为将军莎门的水杉树。这种巨树可高达83米，树围长达24米，如果把它砍下来，足够建造35间5人住的房子。邦赛树和将军莎门树的种子的重量都小于0.01克。

为什么它们长成以后差异如此悬殊呢？那是因为当邦赛树的树苗一突出地面时，日本人就把它拉出泥土，并且扎住主干以及一些支干，故意阻碍它成长。结果它便成了一种矮小、美丽的树，将军莎门树的种子自然地落在加州肥沃的土壤上，受到矿物质、雨水与阳光的营养滋润，长成参天大树。

邦赛树与将军莎门树不能选择自己的命运，而人却有很大的选择权，人可以决定是变得伟大或是渺小，是成为邦赛树还是将军莎门树。一个人的自我认定将决定他成为哪一种人，选择的权利操纵在这个人自己手中。

耶鲁大学的教育家们发现：老师对学生的看法，能够极大地影响学生自我的认知，从而影响他们才智的发挥。下面这个实验证实了这个道理。

几位老师被告知他们刚接手的班上有几位优等生，怎样使这些优等生取得优异的成绩就是老师们的任务。结果，计划如期实现了，这几位孩子取得了极其优秀的成绩。实际上当初这些学生只是智力一般的孩子，甚至他们中间还有几位"差生"。

我们不怀疑，世上有很多天才就像劣等生那样一直在闲荡，就因为有人说他们不够聪明。而他们则过多地依赖他人的评价，而没有去认真了解自己。

一个人要发挥自己最大的潜能，首先要正确定位自己的人生。我们生活在一

第五章 你认为你是谁，你就是谁——定位力修炼

个充满机遇和挑战而价值多元化的社会，最需要一种清醒的判断能力。

定位人生，就是给自己选定一个恰到好处的位置，从而为人生做出长远的规划，谋求长久的发展策略。它需要深切地认识自我，立足现实，扬长避短。"骏马能历险，犁田不如牛；坚车能载重，渡河不如舟。"人各有志，贵在适合自己，关键是能够选择有自己特色的实现途径。

自我定位就是一个自我设计的过程。有一个警句非常好：识人难，识己更难。有的人明明水上功夫好，却想陆上逞英豪；有的人明明是做大刀的料，却朝思暮想成为子弹。定位不当，岂不身累心累？

塞涅卡说过："如果一个人不知道他要驶向哪一个码头，那么任何风都不会是顺风。"年轻人正处于寻梦的海洋中畅游，外界的因素会给我们带来犹豫不定的影响，所以关键在于我们要掌握好自己手中的舵，给自己一个明确的定位，向着目标勇往直前。

在自我定位时，就需要考虑以下几个方面。

一、明白自己的价值点。

我有什么技能？我的价值是多少？我们常常会有这样的疑问。一个人的价值，除了他本身的存在价值外，还包括他在行业中、他自己的人生中和社会中创造的相关价值。在定位之前，首先要知道自己的总体价值有哪些。比如应届毕业生，他们尚未有任何社会价值，但他们还有自己的价值。拥有什么才能、技术和社会经验，自身各项素质如环境适应能力、压力承受能力等等都是你的已有资源。建议在进行职业规划之前，要总结自己各方面的优劣势，明确自身价值点。

二、发现自己的不足。

（1）性格的弱点。人无法避免与生俱来的弱点，必须正视，并尽量减少其对自己的影响。譬如，一个独立性强的人会很难与他人默契合作。而一个优柔寡

断的人绝对难以担当组织管理者的重任。卡耐基曾说:"人性的弱点并不可怕,关键要有正确的认识,认真对待,尽量寻找弥补、克服的方法,使自我趋于完善。"因此要静下心来,多跟别人好好聊聊,尤其是与自己相熟的如父母、同学、朋友等交谈。看看别人眼中的你是什么样子,与你的预想是否一致,找出其中的偏差,这将有助于自我提高。

(2)经验与经历中所欠缺的方面。"人无完人,金无足赤",由于自我经历的不同,环境的局限,每个人都无法避免一些经验上的欠缺。有欠缺并不可怕,怕的是自己还没有认识到或认识到而一味地不懂装懂。正确的态度是:认真对待,善于发现,并努力克服和提高。

三、进行社会分析。

(1)社会分析。社会在进步,在变革,所以我们的人生定位,应该善于把握社会发展脉搏。这就需要做社会大环境的分析:当前社会、政治、经济发展趋势;社会热点职业门类分布及需求状况;所学专业在社会上的需求形势;自己所选择职业在目前与未来社会中的地位情况;社会发展对自身发展的影响;自己所选择的单位在未来行业发展中的变化情况,在本行业中的地位、市场占有及发展趋势等。对这些社会发展大趋势问题的认识,有助于自我把握职业社会需求、使自己的人生定位紧跟时代脚步。

(2)组织分析。这应是个人着重分析的部分,组织将是你实现个人抱负的舞台,西方关于职业发展有句名言"你选择了一个组织,就是选择了一种生活"。特别是现代组织越来越强调组织文化的建设,对员工的适应生存能力要求越来越高,因而应对你将置身其中的组织的各个方面做详细了解。在知己知彼的基础上,只有两者之间拥有较多的共同点,才是个人融入组织的最佳选择。

(3)人际关系分析。个人处于社会庞杂环境中,不可避免地要与各种人打

第五章 你认为你是谁,你就是谁——定位力修炼

交道,因而分析人际关系状况显得尤为必要。人际关系分析应着眼于以下几个方面:个人职业发展过程中将与哪些人交往;其中哪些人将对自身发展起重要作用;工作中会遇到什么样的上下级、同事及竞争者,对自己会有什么影响,如何相处、对待等等。

问题小贴士:人生定位实在不是一桩简单的事情,那么你怎样定位自己的人生呢?

定位力的修炼方法

做好人生定位,可以从反思、冥想、朗诵、模仿和认定几个方面进行修炼。(图 5-1 所示。)

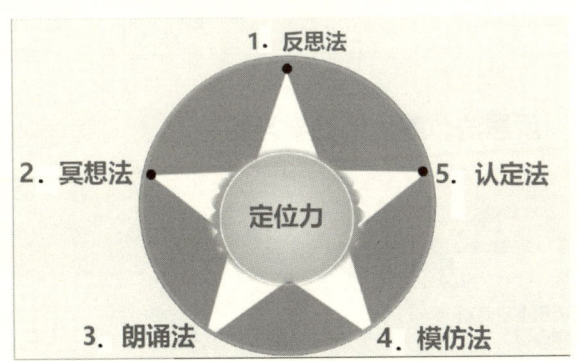

图 5-1 定位力修炼法

——反思法

反思法又称为复盘法。

反思法:我们在反思自我定位及自我人生规划的过程中可以采取大卫·库伯(David kolb)的反思体验学习圈这个工具,具体如下:

大卫·库伯在总结约翰·杜威（John.Dewey）、库尔特·勒温（Kurt Lewin, 1890～1947）和皮亚杰经验学习模式的基础上提出自己的经验学习模式——经验学习圈理论（experiential learning）。他认为经验学习过程是由4个适应性学习阶段构成的环形结构，包括具体经验、反思性观察、抽象概念化、主动实践。具体经验是让学习者完全投入一种新的体验；反思性观察是学习者在停下学习的时候对已经历的体验加以思考；抽象概念化是学习者必须达到能理解所观察的内容的程度并吸收它们使之成为合乎逻辑的概念；到了主动实践阶段，学习者要验证这些概念并将它们运用到制定策略、解决问题中去（Sugarman, 1985）。学习过程有两个基本结构维度，第一个称为领悟维度，包括两个对立的掌握经验的模式：一是通过直接领悟具体经验；二是通过间接理解符号代表的经验。第二个称为改造维度，包括两个对立的经验改造模式：一是通过内在的反思；二是通过外在的行动。在学习过程中两者缺一不可。可以说，经验学习过程是不断的经验领悟和改造的过程。

反思法：库伯经验学习圈

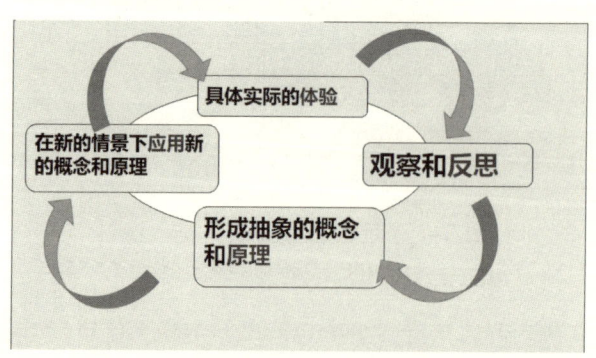

图5—2　库伯的学习圈理论的基本观点

第一，任何学习过程都应遵循"学习圈"理论。学习的起点或知识的获取首先是来自人们的经验（experience），这种经验可以是直接经验，即人们通过做某事获得某种感知，或借用哲学的术语说，就是"对世界图景的第一次粗略把持"。当然这种也可以是间接经验。因为人们不可能在有限的生命周期内将世界的每一件事都"经验"过一次。有了"经验"，学习的下一步逻辑过程便是对已获经验进行"反思"（reflection），即人们对经验过程中的"知识碎片"进行回忆、清理、整合、分享等。把"有限的经验"进行归类、条理化和拷贝。然后，有一定理论知识背景和一定理论概括能力的人便会对反思的结果从理论上进行系统化和理论化，这个过程便进入了学习的第三阶段——"理论化"（theorization）。如果说前面两个阶段是知识获取的充分条件，那么，这个阶段的学习对于知识的获取则是充分而又必要的条件。库伯认为，"知识的获取源于对经验的升华和理论化"。理论化阶段，学习者要做的工作很多，包括要将过去的分析框架即类似于某种"应用程序"从大脑"存储器"中暂时"打开"，对反思的结论即相关文本进行处理，得到人们所希望的结果。学习圈的最后一个阶段是"行动"阶段（action），可以说，它是对已获知识的应用和巩固阶段，是检验学习者是否真正"学以致用"，或是否达到学习效果的方法。如果从行动中发现有新的问题出现，则学习循环又有了新的起点，意味着新一轮的学习圈又开始运动。人们的知识就在这种不断的学习循环中得以增长。

第二，学习圈理论强调重视每一个学习者"学习风格"的差异。库伯认为，由于每个人的内在性格、气质的"差异性"，以及生活、工作阅历、教育知识背景的"差异性"，从而导致每个学习者的"学习风格"的"不一致"。根据学习圈理论，可以将学习者的学习风格大致分为经验型学习者、反思型学习者、理论型学习者和应用型学习者四类。库伯认为，这四种类型的学习风格不存在优劣的价值判别，它们之间有一定的互补性。正因为如此，在设计教育和培训项目时要考虑到这种差异的存在。

第三,集体学习比个体学习的效率高。集体崇尚开放式的学习氛围,反对把学习看作孤立和封闭的行为,倡导学习者之间的交流、沟通,重视学习者的相互启发、分享知识。正因为学习者的不同学习风格,才有了他们对某种事物看法的不同观点,思想碰撞中"知识得以增长"。不同思想的"交换"使得每个学习者可以得到更多的思想。毋庸赘言,这种集体学习的学习模式更有利于知识的生产和传播。有这样一个故事:

从前,有一位砍柴工每天从早到晚辛辛苦苦地埋头砍柴,可是每天干到天黑也就只能砍三捆柴,而其他几个人每人一天都砍了6捆柴,并且他们还有说有笑,有时间喝酒抽烟,自己却累得满头是汗还效率低下。于是,他开始反思自己的做法和别人差在哪里。第二天,他开始用心观察那3个同伴是怎么砍柴的,原来他们一边砍柴一边休息,在休息的时候一边有说有笑地聊天,一边磨斧头,而且是每砍半小时的柴就要磨5分钟的斧头。而磨过后的斧头砍起柴来效率奇高。于是,从第三天开始,这位砍柴工就按照同伴的方法,每砍半小时的柴就磨5分钟的斧头,结果不但有时间喝酒、抽烟和聊天,而且到了天黑一盘点,发现自己也能砍6捆柴了。这就是砍柴工按照库伯经验"学习圈"通过反思让自己的定位准确,以达到提高能力、提升效率的案例。

因此,我们利用库伯经验"学习圈"作为人生定位的反思指导,就可以让自己在不断的体验中学习和成长,进而不断提高自我,坚定使命和信念,明确追求的价值,不断修正和完善人生规划,以达到臻于完美。

一位国际象棋高手说:"在我幼年学棋时,老师教我的第一件事情就是'复盘'。只要不断利用'复盘'方法提升自己的棋力,最终就会成为高手。"

所谓复盘,就是一场棋局结束后,把棋局中的所有步骤全部过一遍,思考每一步是否合理,这一步会对未来的棋局产生什么影响。

第五章 你认为你是谁，你就是谁——定位力修炼

尽管棋局变化万千，但是很多情境却会似曾相识。通晓各类情境的破局之策，也就意味着可以游刃有余地应对它。反复这般，便会抵达大师境界。其实，在定位力修炼中，复盘法也很重要。

复盘法是一种高效能的智思，可以带来多方面的好处：

一是避免在同一个位置摔跤。每个人大约都想改变人生。但问题是，生命不会逆行，过去终难追回。唯一可做的是：不再重蹈覆辙！"过往"最大的价值不是"缅怀"，而是"汲取经验"。每个人都有摔跤的时候，但在同一个地方摔倒两次，只能说明你太笨了，不懂得从"过往"中进行反思。

二是自省内心。复盘越细致，检视出来的细节就越多。分析和归纳的过程不但是为了找出规律，从而避免下一次犯同样的错误；而且更重要的是一个内观自己人格的过程。世界上绝大多数人，人格或多或少都有缺陷，越早领悟到自身不足，并尽量加以改正的人会拥有丰盈睿智的人生，而越晚领悟，甚至终身不悟的人，将会有很多的人生遗憾。

三是润滑人际关系。一个完整的"复盘"过程，不仅仅分析自己当时的所作所为，还需要回顾现场他人的反应。在过往的"场景"中，最需要注意的是参与人的情绪波动点。任何一个情绪的高低转化都值得你思考。这一思考有助于发现情绪变化的深层次原因。参悟人心，能够迅速融入对方的感情世界。人总是喜欢与理解自己的人交往。朋友多了，路自然越走越宽。

——冥想法

可以将定位目标可视化，冥想实现目标的情景，在意念里描绘一幅明晰的景象，时常进行自我暗示，激发潜能，实现人生愿景。一般说来，信心的深度决定念头远度。

在冥想中，我们能够创造一个清晰的想法或画面。创造一个想法、一个画面，

或者你所能设想的对某个对象或情境的感受。你应当以现在时态去设想它，就像它早就以你喜欢的方式存在着。想象你正身处那个你想要的环境中。尽可能将更多细节展现在其中。你还可以为之画一幅真正的图画。

在你专注于目标定位的时候，以积极和鼓励的方式看待它。对自己传递强烈的正面信息：它存在着。它已来到或正向你赶来，一如自己正在接收或实现它。这些正面的声明被称作"自我肯定"。在运用确认的时候，请把心中可能存在的疑虑和不信任暂时抛在一边，至少在那一时刻别去想它，同时练习去感受你所渴望的事物是真实而存在的。

不断持续这一过程，直到你达成目标。当然，目标在实现之前经常会发生改变，这是人类变化与成长过程中最自然不过的一部分。因此，不要在失去热情之后再尝试延续你的目标——如果你失去了兴趣，那很可能意味着：到了该重新审视自己到底想要什么的时候了。

——朗诵法

有关研究结果显示，人类的大脑可以分为"低脑、中脑及大脑"三层。

"低脑"包含脑干和延髓，负责保持生存的最基础功效。例如心跳、呼吸、身材均衡等。

"中脑"又称为哺乳脑，是哺乳类动物在进化过程中发展出来的脑。例如猫、牛、人类等。中脑根本上是指边缘系统，包括丘脑、脑下垂体、海马体及杏仁核。其中海马体是负责把短暂记忆转化成为长期记忆的部分；杏仁核是负责处置情绪的核心。

"大脑"负责剖析、谋划、断定，以及贮存所有常识和教训。

信念因为与价值联结在一起，而每种价值都是一种感觉，因此，每个信念或多或少都会涉及一些感觉或情绪。

第五章 你认为你是谁，你就是谁——定位力修炼

至于信念在潜意识中的结构，都是很清楚简略的。潜意识的运作方向就是一直打算把事情简单化，就好像小朋友一样。每个人内心实在都拥有一个小孩子实现这个过程。比如某些宗教的咒语，都是很精简的，但是每个音节都代表了无比深邃的意思。强烈的信念就如同咒语一样，拥有宏大的气力，主宰着每个人阅历不同的人生。

既然如此，我们可以通过自我定位的不断朗诵，来强化这种定位意识。

在希伯来语中，"学习就是重复"。在犹太法典《塔木德》中有这样一句话："念101遍肯定比100遍要好。"强调重复的价值。在《塔木德》中还有这样一句话："只要把一本书念100遍，你就有能力读懂世界上的任何一本书。"

在中国把《三国演义》那么厚的一本书读100遍的人很少，我所知道的有三个人，一位是作家巴金，把《古文观止》读了100遍；另一位是作家矛盾，把《红楼梦》读了100遍；第三位是大数学家苏步青，童年放牛的时候把邻居家一部残缺不全的《三国演义》读了100遍。在中国凡是把一本书读100遍的人，没有一个人不成大器。

我每天早晚朗诵我的人生定位，如下：

"我何勇明是世界上顶尖的培训教练；我是一个健康、创新、富有、快乐、充满智慧、有成就的人，是一个拥有越来越多杰出朋友的人；是全世界最有自信的人、最具说服力的人、最有决断力的人、最有魅力的人；是一个可以在任何时间行销任何事物给任何人的人；是一个一走进任何地方就会蓬荜增辉，使在场的所有人受到感染和鼓舞的人；是一个在任何拼搏奋斗中都能取得胜利的强者；是一个能够冷静地解决危机并能为恐惧者和疾病者提供力量的人；是一个别人喜欢与我共度时光的人；是一个忠实的、真心帮助朋友而与他人不断加深各种关系的人；是一个别人信任、敢于表明自己的观点、所说的话毋庸置疑地让别人信赖的人；

是一个体贴入微、关心照顾、痴情不改、说话总是那么好听、任何时候都知道怎样把局面转变成浪漫插曲的伴侣；是一个教育培训目标万分坚定和专一的人。"

这样每天坚持定位朗诵，我的目标和使命越来越坚定，定位越来越准确，帮助的人也越来越多。

经常朗诵给自己的人生定位和职业定位，相信也会产生类似的效果。

读者小贴士

1. 现在请静下心来，按照我的人生定位模板写下你自己的人生定位。
2. 请每天早上起床后、晚上睡觉前大声朗诵或者在心里默念自己的人生定位。

——模仿法

大家知道，成功者善于模仿。要成功必须向成功者学习，模仿成功者的精神，拷贝成功者的心绪。

孟子认为：你穿尧所穿的衣服，说尧所说的话，做尧所做的事，这样也就成为尧了；你穿桀所穿的衣服，说桀所说的话，做桀所做的事，这样就变成桀了。

模仿能使人快速成功。一般说来，别人能够做到的，你就同样也能够做到。这跟你的意愿无关，而涉及你使用的方法，也就是参照别人是怎么去做的。有些人之所以能达成目标，乃是穷多年之功，历经无数的失败，才找出一套特别之道。但是我们可以不走他们的老路，只要走进使他们成功的经验中，不需要花费像他们那样多的时间，也许不多久就可以达到像他们那样的成就。

安东尼与美国陆军签订协议，帮助陆军进行射击训练。他找来两名神射手，并找出他们在心理及生理上的异人之处，建立正确的射击要领。随之对新手进行一天半的课程训练。课后进行测试，所有人都及格，而列为最优等级的人数竟是以往平均达到人数的三倍多。

也就是说，模仿是通往卓越的捷径。而能推动和震撼世界的人，往往都是那些擅长模仿的人。

要想模仿卓越，我们就要像个侦探，像个测量员，不断地质疑并找出得以成功的痕迹来。人生大部分的学习，其基本观点之一，就是从他人的成功里汲取经验。

对于一切事物，我们都有不同的感受方式，且造成不同的结果。当你懂得运用心略的方法，便能随机应变，若你能知别人的心略，便能抓住其意图，而投其所好了。

只要你能找出有成就之人的特殊要领并复制一番，就能在比你原先可能花费的更短时间内达到类似的结果。

要模仿某人，你就得同样地模仿他的内心体验、信念系统以及基本的心序，否则你只是在模仿他的表面动作。

——认定法

安东尼·罗宾说得好："我们每个人的潜能都是无穷无尽的，然而能发挥多少，就全看我们对自我是怎么认定的。"比如说，如果你认定自己是一个有能力、有才华的人，那么就会发挥出符合你这样认定的一切天赋；同理，不管你认定自己是个"窝囊废"或"疯子"，还是认定为是个"赢家"或"风云人物"，这都会马上影响你对自己能力的发挥。

研究学习成效的专家经常发现这样一点：教师对于学生抱持什么样的看法，会深深影响学生们对自我认定的形成过程，从而左右了他们所发挥出来的潜能。有一项研究是这么做的：研究对象是一群教师，他们被告知新教的班级中有哪几位学生是优等生，如何使这些学生在学业上有杰出表现，是这些教师们的重要任务。正如这项研究所预期的，那几位学生日后学业的表现果然都名列前茅，事实上他们的智商都只在一般水准，有几位甚至还在中下程度。但这项研究刻意认定他们是优等生——故意造成那些教师的错觉——结果反而使那些教师真把这群学生教出了杰出的成绩。

做自己人生的卓越导演
——6P定位人生规划

我们常常会一味地认定自己是个什么样的人,却无视于这样的认定是否正确,也就是因为这样主观的认定,大大地影响了我们的人生。

事实上,我们正走在成为自我认定之人的路上。也希望各位读者朋友通过认定法,给自己的人生以一个自信、幸福、美好的定位。

问题小贴士:你觉得上面提到的这些方法可以提升自己的人生定位能力吗?你经常用到哪些方法?

第六章

信念是自己掌握命运的罗盘
——信念力修炼

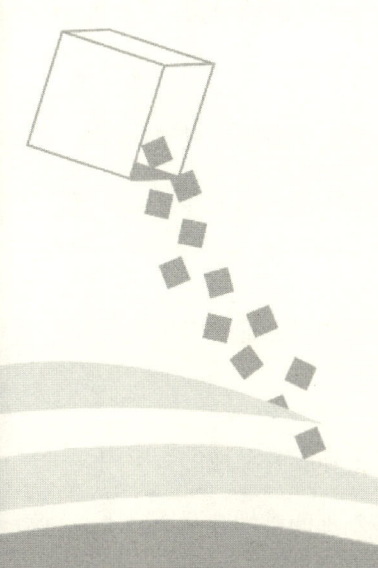

做自己人生的卓越导演
——6P 定位人生规划

信念力就是坚定信念的力量。信念,就是先相信,天天念,我们毋庸置疑所相信的观念。比如:我现在还一直坚定的"吃得苦中苦方为人上人""本分做人""天道酬勤""生命在于运动"等等信念一直推动着我的行为,改变着我的生活。澳大利亚有一本书叫《秘密》,核心内容就是阐述吸引力法则。这个法则认为,人类所有的思维活动,都会产生某种特定的频率,而这种频率就好比杜鹃用于求爱的信号、蝙蝠用来探路的超声波。它会吸引同样的频率,引发共鸣,从而将我们思维活动中所涉及的任何事物吸引到我们的面前。

就像物理界认为任何有质量的物体存在吸引力一样,人的思想也存在吸引力。换言之,我们心中所想之事越强烈,似乎就越容易实现。吸引力法则指出,人的思想集中在某一领域的时候,跟这个领域相关的人、事、物就会被他吸引而来。

信念力源自强烈的愿望

有一句话是这样说的:"你怎样看待世界,你就会得到怎样的世界。"这就是信念的力量。信念的力量究竟有多大呢?一个成功人士曾对此做过回答:"信念的力量是伟大的,因为你抱有什么样的信念,就会出现什么样的现实。"

如果说生命是一座庄严的城堡,那么,信念就是那穿顶的梁柱;如果说生命是一株苍茂的大树,那么,信念就是那深扎的树根;如果说生命是一只飞翔的海鸟,那么,信念就是那扇动的翅膀。没有信念,生命的动力便荡然无存;没有信念,生命的美丽便杳然西去。

据专家们研究发现:信念的力量是惊人的,有时甚至可以创造"奇迹",可左右一个人的成败、得失、健康甚至生与死!

1995年6月29日下午6时,韩国首尔突然迸发出一阵震天动地的轰鸣声,闻名遐迩的三丰百货大楼在一瞬间倒塌了。近千人在一刹那间被埋在瓦石之下。

第六章
信念是自己掌握命运的罗盘——信念力修炼

在这场因"劣质施工"而造成的韩国历史上最大的惨案中，有458人死亡，950人受伤。

然而，就在这场无法逃避的浩劫中，有27人在超越了"死亡极限"后生还，在人类灾难史上创造了"奇迹"。其中最典型的是最后一名生还者朴胜贤创造的"神话"。

这个在废墟中埋了16天，被困377个小时的人竟奇迹般生还了！当医生给她做了紧急处理后，好奇地问："你是靠什么来维持生命的呢？"她的回答竟然是——"没有吃过一点东西，没有喝过一滴水。"恢复体力后的朴胜贤经过冷静总结后，向前来采访的记者谈了三点原因："首先，我有一个超乎寻常的信念：我决不能死，我还年轻，我热爱生命。我不断地想象亲人、朋友如何期盼我活下去。此外，我相信我不会死，是因为深信，营救人员一定在千方百计竭尽全力挖掘寻找。这样一想，我的心情反而平静了，开始想睡觉，我就顺其自然，让自己尽情地睡，一天睡多少小时已经无法知道，到后来便成为昏睡。在睡梦中，我会做许多奇奇怪怪的梦，但都不是噩梦。最奇迹的是，每当我饥渴难忍时，我总会梦见一名憨厚善良的小和尚。他每次见到我，都送我一个我最爱吃的日本青苹果，又酸又甜的大苹果，我吃了以后，不饿也不渴了。"

那么这些"朴式经验"究竟有没有道理呢？日本著名人体生理学家福田在后来的一次讲演中对此做出如下解释："首先，顽强的求生信念确实是延长生存的'最佳心理良药'。人类遇难史的许多事实都证明，其他情况都相同时，求生信念越强的人存活的时间也越长。这是由于在严重威胁生命的环境中，强烈的求生信念作为一种'心理亢奋剂'，能够调节大脑中枢神经的强度，使细胞的抗死能力大大增强。""其次，炽热的求生信念同'沉睡'相结合，会形成一种'最佳身心状态'。在'无食无水'的险境中，睡眠实际上是一种减少体能和营养消耗

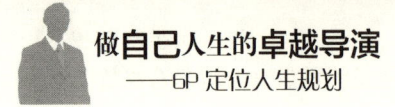

做自己人生的卓越导演
——6P定位人生规划

的最佳状态。最后，'梦中送果'则更是一种妙不可言的'无意识'求生技巧。这种梦境是在强烈信念的支配下，处于深睡的人奇妙的'潜意识'造成的，这种'欲望潜意识'的作用不可低估。'梦中送果'与'望梅止渴'有着异曲同工之妙。"

所以，信念无非就是一种强烈的愿望。它是发自内心的，真正体现自己良知的一种自觉行为。这种自觉的行为可以让一个平凡的人，甚至是现实中"不合格"的人，脱颖而出，成为一个优秀的人。小说《士兵突击》中的许三多就是这样一个例子。从他身上，我们看不出他有一点成功的影子。他没有同乡成才的机灵，没有班长老马的灵活，没有连长高成的刚强果敢。他只认一个理：人的一生不能白过，要做几件有意义的事。他不会的事，只要认为有意义，他就认真学；他会的东西，只要认为有意义，就认真保持下去，即使遭到别人的冷嘲热讽也在所不惜。许三多在红三连五班的生活情景是：其他四个兵，写作的，打牌的，算命的，每人都有自己打发日子的方式，完全没有了"兵"的味道。但是，许三多自己出操，自己整理内务，自己踢正步，严格按新兵连受训的要求来做，而且一做就是几年！尤其是"修路"一节，他画白线，拣不同颜色的石头，铺路石，种花草，有条不紊，实实在在。那些老兵们却在营房内打牌，还抱怨他的多事，甚至盼望他的失败！许三多的路铺得确实艰苦，顶着风寒，顶着嘲讽，一步一步地铺着，铺向了成功。他用自己的毅力与认真完成了一个加强排没有完成的工作，花费的代价仅仅是买花种的五块钱！谁说"境界"离平凡人很远？谁说圣人、哲人都是做大事的人？许三多做的就是平凡的事，只是他是用人生的"意义"来铺路，他铺出了自己的境界，实现了从"平凡"到"伟大"的飞跃，成了凡人中的"哲人"，自己心中的"圣人"！

马丁·路德·金说得好："这个世界上，没有人能够使你倒下，如果你自己的信念还站立着的话。"

第六章
信念是自己掌握命运的罗盘——信念力修炼

问题小贴士：你相信信念的力量吗？有相关体验或者例证吗？

志不强者智不达

许多有大成就的人，都是意志、天才与勤奋的结合。坚定的意志在其中犹如统帅，意志强，才能充分地发挥智慧。如果没有坚强不屈的意志和坚韧不拔的毅力，即使有超人的智慧，也难以有所作为。

"志不强者智不达"，实际上是墨子的话。意思是，意志不坚强的人，智慧也不会高到哪里去。的确是这样，在完成人生目标的过程中，人的意志具有非常重要的作用。要战胜困难，打败挫折，我们必须练就钢铁般的意志。人生的道路是布满荆棘的，世间万物也是利弊共存的。无论是个人，还是一个国家、一个民族，在发展的道路上都不是一帆风顺的。在面对利害关系时审时度势，辩证地处理好，才能趋利避害，求得生存、求得发展。

人生在世，都会面对无数的诱惑，稍有不慎就会因小失大。那么要在这些选择中表现出高超的智慧，自然就要求我们具备无坚不摧的坚强意志。坚忍不拔的钢铁意志是你成功的根本保障，善于趋利避害是你前进的助推器。面对人生无常，命运的捉弄，只有调整心态，方为上策。

墨子提出："指以存擎，利之中取大，害之中取小也。害之中取小也，非取害也，取利也。"意思是说，断指来保存手腕，是于利中选取大利，于害中选取小害。在害中选取小害，并不能算是取害，实际上是在取利。

"祸兮，福之所倚；福兮，祸之所伏。"是老子隽永的格言。祸未必就是祸，福也未必就是福。祸福相生，变幻无形。老子此言已有要求人们全面把握事物本质的朦胧意识。而墨子则更加明确地提出了应全面权衡利害关系的辩证思想，即

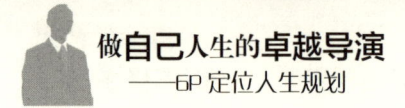

做自己人生的卓越导演
——6P定位人生规划

"两而勿偏"。认为人们思考问题应考虑全局，要全面地看问题，而不应片面性地看问题。

"断指以存腕"就是墨子对这一辩证思想的形象比喻。"存指"是小利，"存腕"是大利，所以"断指存腕"是"利之中取大"。"断指"是小害，"断腕"是大害，所以"断指存腕"是"害之中取小"。而"存指"看似是小利，实为大害，皮之不存，毛将焉附？腕没了，哪还来的指呢？所以"断指存腕"是"非取害也，取利也"。这就好比怀财而行，遇到强盗的掠夺，是害；舍财而保全性命，是利。若肯舍财而保命，就是于害中取利；但若舍命而保财，看似是有利，而实际上将人财两空，是舍利而取害。

西瓜与芝麻谁大谁小，谁轻谁重，一看便知，这是三岁小孩都能分辨的。但在现实生活中分辨西瓜芝麻却未必那么容易，大与小、多与少，并非一看便知，常常会有人干出捡了芝麻丢西瓜的蠢事。

贪心不足的人，往往因小失大；私心太过的人，常常得不偿失。目光远大的人，办大事，成大业，胸怀大目标，便不会被眼前的小利小惠所惑，能够在西瓜与芝麻之间做出正确的判断。

大智大勇的人才能获得巨大的成功，大谋大略的人方能取得大利大惠。

区分眼前利益和长远利益、表面利益和根本利益的大小，其实就如同区分芝麻与西瓜的大小一样，但为了西瓜敢丢芝麻，为了长远利益能舍眼前利益，为了根本利益能无视表面利益，为了远大目标能忍住当前诱惑，即使是大智大勇的人，也不是轻易就能做到，这不得不引起所有人的重视。

由此可见，做事能够成功的人，一定有很高的智慧；做事不成功的人，智商不一定高。要做一个智商高的人，不仅要有坚定的目标，更要学会审时度势、灵活应变，这样，才能顺利到达成功的彼岸。

华罗庚说过:"没有雄心壮志的人,他们的生活缺乏伟大的动力,自然不能盼望他们会有杰出的成就。"人无法选择自己的过去,但是可以去选择自己的未来。只要你不甘于平庸,想成就一番大事业,你的命运就有改变的可能。用雄心为志向助力,就能推动你一步步朝着目标迈进。

一位24岁的年轻人充满自信地走进美国通用汽车公司,应聘会计工作。他来应聘的原因只是因为他的父亲曾经说过"通用汽车公司是一家经营良好的公司",并建议他去看一看。

在面试的时候,他的自信使面试官印象十分深刻。当时只有一个空缺,而面试的人告诉他那个职位十分艰苦难做,一个新手可能很难应付得来。但他当时只有一个念头,就是进入通用汽车公司,展现他足以胜任的能力与超人的规划能力。

当面试官在雇用这位年轻人之后,就对他的秘书说:"我刚刚雇用了一个想当通用汽车董事长的人。"

这位年轻人就是通用汽车前董事长罗杰·史密斯。罗杰刚进公司的第一位朋友阿特·韦斯特回忆说:"合作的一个月中,罗杰正经地告诉我,他将来要成为通用汽车的总裁。"正如罗杰所愿,32年之后,他成了通用汽车的董事长。

当人有了某种理想后,就要去实现这些理想,而不要总是找理由来打击自己的雄心。雄心有多大,你的舞台就有多大;雄心有多大,你的发展空间就有多宽;雄心有多大,你的成就就有多大!

问题小贴士:你相信志向不坚定的人,智慧就得不到充分的发挥吗?你的意志力强不强?

做自己人生的卓越导演
——6P定位人生规划

命运不会怜悯向它低头的人

我们每个人每天都有三个8小时，第一个8小时大家都在工作，第二个8小时大家都在睡觉，人与人的区别是在第三个8小时创造出来的，所以说上天是公平的，不公平也只能说明你的努力不够。不要整天抱怨生活，生活根本就不会知道你是谁，更别说它会听你的抱怨。

正所谓，每一个成功者都有一个艰辛的开始。勇于开始，才能找到成功之路；脚踏实地，才能获得未来之舟。苹果创始人乔布斯年轻时也只是公司的小职员，苹果公司则是在自家车库开始起步的；阿里巴巴创始人马云则经历过两次高考失败，阿里巴巴刚刚起步时同样困难重重。可以说，忍一时之痛，才能成恒远之功；做得了脚底下的小事，才能成就头顶上的大事。

有位名人说过：人不能改变命运，但可以改变对命运的态度。

贝多芬由于贫困没能上大学，17岁时就患了伤寒和天花。之后，肺病、关节炎、黄热病、结膜炎等又接踵而至，26岁不幸失去了听觉，爱情上也屡遭挫折。在这样的境遇下，贝多芬发誓要扼住命运的咽喉。在与生命的顽强搏斗中，他的意志占了上风；在乐曲创作事业上，他的生命之火燃烧得越来越旺盛。

早在大学学习后期，霍金被诊断为"肌肉萎缩性脊髓侧索硬化症"，不久半身不遂。1985年霍金丧失语言能力，表达思想的唯一工具是一台计算机声音合成器。1988年霍金的惊世之作《时间简史：从大爆炸到黑洞》问世。这本著作被誉为人类科学史上里程碑式的佳作，他用仅能活动的几个手指操作一个特制的鼠标器在计算机屏幕上选择字母、单词来造句，然后通过计算机播放声音，通常制造一个句子要五六分钟，为了合成一个小时的录音演讲要准备10天，尽管如此，霍金仍然热衷于公众演讲，乐于与人们进行思想的交流，将科学的思想传播到世界各地。

第六章 信念是自己掌握命运的罗盘——信念力修炼

一位电台主持人在自己的职业生涯中遭遇了18次辞退。她的主持风格曾被人贬得一文不值。

最早的时候,她想到美国大陆无线电台工作。但是,电台负责人认为她是一个女性,不能吸引听众,拒绝了她。

她来到了波多黎各,希望自己有个好运气。但是她不懂西班牙语,为了熟练语言,她花了3年时间。在波多黎各的日子,她最重要的一次采访,只是有一家通讯社委托她到多米尼加共和国采访暴乱,连差旅费都是自己出的。在以后的几年里,她不停地工作,不停地被人辞退,有些电台甚至指责她根本不懂什么叫主持。

1981年,她来到了纽约一家电台,但是很快被告知,她跟不上这个时代。为此她失业了1年多。

一次,她向一位国家广播公司的职员推销她的倾谈节目策划,得到他的首肯,但是那个人后来离开了广播公司。她再向另外一位职员推销她的节目策划,这位职员却声称对此不感兴趣。她找到第三位职员,此人虽然同意接收她,却不同意搞倾谈节目,而是让她搞一个政治主题节目。她对政治一窍不通,但是她不想失去这份工作,于是她开始"恶补"政治知识。

1982年夏天,她主持的以政治为内容的节目开播了,她凭着娴熟的主持技巧和平易近人的风格,让听众打进电话讨论国家的政治活动,包括总统选举。这在美国的电台史上是史无前例的。她几乎在一夜之间成名,她的节目成为全美最受欢迎的政治节目。

她就是莎莉·拉斐尔。现在她的身份是美国一家自办电视台节目主持人,曾经两度获全美主持人大奖,每天有800万观众收看她主持的节目。

在美国传媒界,她就是一座金矿,无论到哪家电视台、电台,都会带来巨额

的收益。莎莉·拉斐尔说:"在那段时间里,平均每一年半,我就被人辞退1次,有些时候,我认为这辈子完了。但我相信,上帝只掌握了我的一半,我越努力,我手中掌握的这一半就越大,我相信终会有一天,我会赢了命运。"

其实,赢过命运并不难,无论何时,你都要坚信:你弱时它就强,你强时它就弱。

问题小贴士:你属于愈挫愈勇还是见硬就躲的人?

信念体现在日常行为所遵循的原则中

信念是一种接受或同意某一主张的心理态度,从心理学上来说,是对还不能充分肯定的东西给予肯定的接受。一个人的心理与行为很大程度上受到自己的信念的影响与调节。

人的信念,是指人生有了目标,是人的心灵对真实或自己所认为的真实的强烈认同、确信和坚执,但不是对所有形态的真实的确信和坚执,有了目标,自己就有走出沼泽的动力。当然,理想既有理性的也有非理性的。经过理性思考的信念、理想是理性的;未经过理性思考、盲目接受的信念,理想是非理性的。

心理学家曾经做了一个实验,是对一个死刑犯所作的实验。我们先不考虑他们做这个实验是否符合人道,他们让死刑犯躺在床上,把他的眼睛蒙起来,然后告诉他说:"我们把你的手腕血管切开,你的血一滴一滴地流出来,当血流光的时候,你就死了。"说完之后就假装拿个东西在手上划一下,其实根本就没有划破皮,接着心理学家又用和体温差不多的水,一滴一滴地滴在他的手上,让他感觉真的有温温的血液在流动,又用一个铁桶在下面承接温水,让他听到滴滴答答的声音,又告诉他说:"你的血一滴一滴地流出来,再流不久就流完了,现在只剩几分钟,

第六章
信念是自己掌握命运的罗盘——信念力修炼

时间就到了。"果然时间一到,这犯人就真的被吓死了,其实他连一滴血也没有流出来,一点皮也没有划破,纯粹是被语言与幻象所欺骗,活活被吓死了。

还有一个体育方面的故事:数千年来,人类便一直认为要4分钟跑完一英里(约1609米)是件不可能的事。但在1954年,短跑名将罗杰·班纳斯特就打破了这个信念障碍。他之所以能创造这项佳绩,一是得益于体能上的苦练,二是归功于精神上的突破。在此之前,他曾在脑海里多次模拟4分钟跑完一英里,长久下来便形成极为强烈的信念,因而对神经系统犹如下了一道绝对命令,必须完成这项使命。他果然做到了大家都认为不可能的事。谁也没想到,在班纳斯特打破纪录后的二年里,竟然有近400人进榜。

信念的力量就是这样强大。当然,我们的信念既可以用在正能量的方向上,也可以用在负能量的方向上。信念的表现形态通常总是跟情感和意志融合在一起、对人的生活立场、行动起着指导性的作用。

主体的信念都是确定性的。也就是说,如果主体相信某个命题,那么它就完全相信这个命题的正确性。在主体的信念、愿望及意图等思维状态元素的确定性这个简化假设下,产生了一套优雅的逻辑理论体系。

可以这样说,信念是脊梁,支撑着不倒的灵魂;信念是明灯,照耀着期盼的心灵;信念是路标,指引着前进的方向。在社会生活中,由于强烈的社会责任感和对客体世界的理性思辨而形成了人这一主体所应遵循的行为、原则和理想的深刻而稳固的信仰,这就是人的以理想为中心的信念。

人不是因为没有信心而跌倒,而是因为不能把信念转化成行动,并且不顾一切地坚持到底。人还需要一点精神、理想。失去理想、信念的人和社会,是没有希望的人和社会。信念能让自己始终积极向上,学会向前看,忘掉所有的失败,寻找解决问题的途径,面临的困难就会迎刃而解,能够感觉到信念的存在及信念的力量,信念让我快乐地感受生活和生命。最终会赢来成功的掌声。

任何人都可以使梦想成为现实,但首先你必须拥有能够实现这一梦想的信念。信念是一种关于"信"的意念,是人们对关于自然和社会的一定判断和见解的真实性坚信不疑,千万不要让迷雾遮住了你的双眼,不要让形形色色的表象蒙蔽了你的内心。它们在任何时候、在任何地方都可能会出现。驱散迷雾,坚持自己的信念,成功就在前方。

人们认识到信念是一种客观存在,人人都有的心理现象。在人的精神世界中,理想与信念处在最高层次,它是一个人的精神动力和行动指南。当一个人的信念坚定,自我价值在内心得到充分的肯定,再加上强烈的成功愿望,他的成功将是无可阻挡的。

问题小贴士:你认为一个人的行事逻辑,是由抽象的"三观"决定的吗?

信念力的修炼方法

要增强自己的信念力,可以通过想、念、写、做、排等方法进行修炼(如图6-1所示)。

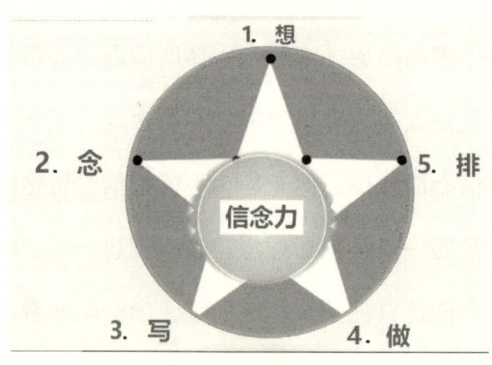

图6-1 信念力修炼法

第六章
信念是自己掌握命运的罗盘——信念力修炼

——想

想，就是用心冥想。有道是，只有那种能够掌控自我精神王国的人，才是真正伟大的人。潜意识会依照我们心中所想的画面，构成真实事物。只要有明确画面进入潜意识，潜意识立即想尽办法把这个画面转为事实。只要我们给予潜意识一个画面，它就会努力将它实质化。

冥想，就是一种极好的信念力修炼方法。因为我们同世间万物，同一切能够令我们满意的事物之间有一种看不见的联系，它恰恰就蕴藏在我们自身内部，就蕴藏在我们潜意识的自我当中。宇宙中存在的智慧的能量同样也存在于你的身体中，你可以按照自己的意愿用它来创造你想要的一切。有的人将这种能量转变成了一幅幅绝世画作，有的人将它转化为伟大的诗歌，有的人将它转化成了发明创造，还有的人将它转化成了名曲乐章。然而也有人却从来未曾使用过它，或许一直到临终前都不知道自己还有一笔最宝贵的财富。

然而我们大多数人存在的最大问题，是我们对自己的要求太过马虎，来自内心深处的呼唤是如此微弱，且断断续续，所以，无法启动这份创造性的力量，所以还不具备将欲望转化为现实的力量。如果能够满足必要条件的话，这一法则将会毫无差池地发挥作用。如果你在潜意识里十分强烈地、迫切地、高强度地、不时地提醒自己想要成为什么样的人，做什么样的事，如果你带着强烈的意愿许下自己的承诺，或者是尽自己最大的努力实现自己的愿望，那么，这个世上也就没有什么能够阻挡你的成功。

如果一个人能够以无比坚定的决心要做成某件事，如果你能在自己的事业上也和他们一样艰苦奋斗，结局可想而知。相反，一个虚弱的、不十分坚定的要求，内心发出的微弱的呼唤就会导致无力的行动。比如说，如果你并不真正相信自己会发达，好事情会降临到自己头上，或者自己的健康会改善，那么，你为了繁荣、

做自己人生的卓越导演
—— 6P 定位人生规划

富强、健康而呼唤的创造性力量就会十分微弱。这会给你的潜意识当中的创造力量只留下轻微的印象，那么，你的健康和生活状况就不会发生什么实质性改变。

就像顶尖运动员都知道的，最有效使用信念力的方法，就是投入全部五官去想象你想获得的结果。可视化想象可用于任何目标：改变生活处境、工作环境、人际关系、体能状态、心灵状态（由消极转积极），乃至个性。

很多人以为，使用可视化想象，就表示要在脑海里"看见"一幅清晰画面。然而，若就冥想的使用来说，清晰画面不是不可少的，有时甚至全然用不着。有时，你需要有的只是一种印象、一种感觉。有些人喜欢以文字想象，有些人则喜欢用声音或触感想象。采取何种心智冥想，取决于你最喜欢用哪一种感官。

要可视化你的冥想，可采取以下方式：

在脑海里创造你想达成的结果的画面。想象它已经发生，而你就在其中。

努力想象有关该情境的更多感官细节，如色、香、味、触感。

说出你的整个意念，包括你想影响的是何时何地的何人何物。像新闻记者那样，使用下列的项目清单来检查你有没有遗漏重要部分：什么人、什么事、何时、何地、为何、怎样。另一个也许有帮助的方法是：把你想达到的目标画成图画，放在你常常看得见的地方。

以乐观进取的态度想象结果。用心灵话语告诉自己，你的目的已经实现或是正在实现（不是"将要"实现）。例如，如果你有心脏方面的毛病，就告诉自己："我的心脏健健康康。"

如果你身体疼痛，想象治疗的能量随着每一次吸气被你吸入，然后流淌到你的肌肉与血液里，再通过动脉被输送到神经，最后让疼痛得以缓和、治愈。

西藏喇嘛之所以能够有出神入化的表现，是因为他们用各种方式把信念内化到自己的内心最深处。

第六章 信念是自己掌握命运的罗盘——信念力修炼

——念

所谓念，就是大声诵念，这里当然是指对自己所确立的信念的诵念。

为什么诵念会起作用呢？这跟我们的潜意识有关系。潜意识无法分辨事情是真还是假，一旦被接受，它终究要变成事实。你的潜意识能够解答所有问题。如果你在睡觉之前，向你的潜意识暗示"我想在早上6点起床"，它将会准时叫醒你。

如果你想撰写一本书，创作一部美妙的剧本，或提高你的演讲技巧，你需要充满感情和关爱地向你的潜意识传达这个理念，它将会随之产生反应。

可以这样说，我们当前生活的一切，都是我们潜意识的真实反映。你潜意识里的种种的思想和观念，造就了现在的你。如果你的未来要有所不同，你一定要现在就改变你的潜意识。

生活的法则就是信仰的法则。信仰就是你内心的想法。不要信仰那些会伤害你的事物。坚信你的潜意识的力量，它能够治愈、鼓舞、勉励你，并为你带来成功。你的信仰决定了在你的生活中将会发生什么。

各个时代的伟人所掌握的那个伟大的秘密就是一种能力——能够接触到或释放他们的潜意识。你也能做到。

你就像一位船长，为一艘船领航。这位船长必须给出正确的指令，不然船就会沉。同样的，你必须向你的潜意识传达正确的指令，它们支配和管控着你所有的经历。

——写

可以把你的信念写下来，把它贴在墙上，放在最显眼处，写在笔记本的首页，让自己每天可以重复看到，运用潜意识中视觉的力量不断强化，直至成为自己生命中的一部分。

做自己人生的卓越导演
——6P定位人生规划

马云办公室的墙上挂着一幅字:"善用人才为大领袖要旨,此刘邦、刘备之所以创大业也。愿马云兄常勉之。"这幅字是金庸2000年的时候给马云题的。马云说:"我挂在办公桌前面,这是给自己看的,挂在后面是给别人看的。天天看到这个,也是对自己的一种提醒。"

为了确立和坚定信念力,可以通过写日记等方式进行总结和反思。

有道是,人生最可怕的不是你没有能力,而是没有信念。能力只是一支箭,信念却是一座山。当你失去信念的时候,再强的能力也无法守住如风逝去的岁月。没有能力是暂时的,失去信念却会对你的人生造成毁灭性的摧残。能够在寒冬坚持到春暖花开,正是因为信念让你的内心变得温暖而强大!

——做

人生信念一旦确定,接下来就要开始实质性的行动了。没有行动的支持,一切的规划与理想都是白日做梦。

任何事情都是做出来的,不是说出来的,更不是空想出来的。天地如此广阔,世界如此美好,对待我们的不仅仅是一对幻想的翅膀,更需要踏踏实实的双脚!目标和信念一旦建立,当然就需要行动了。为此,我们必须远离懒惰,集中精力,全力以赴。

戴尔·卡耐基说得好:人不是因为没有信念而失败,而是因为不能把信念化成行动,并且坚持到底。

所以说,要成就一番事业,既要有坚定不移的信念,又要有脚踏实地的行动。信念鼓舞行动,行动实现信念。

比如,中午去食堂吃饭,不免要排队等上五到十分钟,这时大多数人会拿出手机刷微信打发时间,但是如果这个时候你拿出的不是手机,而是一本诗集,读上一首诗,又会如何呢?也许你会被旁人当成异类、文青,但是没关系,也许那

第六章 信念是自己掌握命运的罗盘——信念力修炼

首诗的美,已经种在你的心里,并在某个时刻开始生根发芽。

我们知道乔布斯有一个著名的"人生三故事"的演讲,2005年在斯坦福大学。其中一个故事讲的是他在读大学期间练习书法,这个经历锻炼了他的审美品位,从而使得他在后来的苹果产品中特别注重产品的美感,所以这件事情为其传奇式的成功埋下了重要的伏笔。

练书法这件事情的收益,对于我们普通人,放在当时和今天来看,都不那么高了,但是这件事情对人生的影响却可以沉淀下来,在某个时空机缘的当口爆发惊人的力量。

一般来说,做一件暂时没有什么明显收获的事情,偶尔做一做,很多人都能尝试一下,但是持之以恒地坚持下来却不容易。而对于我们的人生而言,这样的事情往往却特别重要。

记得曾国藩说过,看一个人的前途,从三个方面考察:是否读圣贤书,自己的事情是否自己做,每天是否早起。他认为年轻人先做到这三点,才能谈今后的人生发展。以读圣贤书为例,每天把一部经典当作自己的功课,坚持完成,持之以恒,这才是最关键的问题。

所谓成功的人生,就是这样把无数个或大或小的收益累加起来的结果。有些事情我们必须去做,而且要坚持不懈。为此,我们不妨确定一个100天计划,千方百计督促自己去完成,以形成良好的人生习惯。

——排

我们在确立信念的过程中,不仅要树立应有的正确信念,同时还要排除各种各样的杂念。因为有这些杂念干扰,正念就难以树立和保持坚定。

其实,很多杂念都是我们过去产生的,对于我们而言非常熟悉。而大部分人对于自己所不熟悉的事物都会心存恐惧,也因此时时刻刻在寻求一种"确定感"。

当他一觉得有任何不确定感时,内心就隐然产生痛苦。一件熟悉的事就算是明知会有痛苦,我们也能够忍受,但却很难去面对陌生的事。无情的是,当前这个世界变化极快,不论我们所面对的是人、工作、环境或信息,瞬息之间它就会成为陌生,所以我们若不是尚有那份对自我的确定感,就真不知道要怎么样去面对这个世界。

那么,最好的办法就是通过牢固树立正确的信念,来破除过去产生的杂念,让正确的信念成为一种"确定感"。

同时,还要给信念排序。人生在世,无疑要面对方方面面的事情,即便都是必须面对的事情,其实也有轻重缓急之分。所以,我们应该经常根据轻重和缓急来给各种信念排个序。什么时候以什么信念为最重、次重等等,都应该心中有数。唯有这样,才能恰到好处、恰如其分地针对不同的目标用心发力,才能有利于各项人生目标的综合推进。

比如,我每天坚定的信念有:

1. "本分做人"

这条信念是我自出生后在成长过程中,接受爷爷奶奶和爸爸妈妈的灌输,他们经常会对我说"本分,本分终究有一份;狡猾,狡猾,终究要滑",意思是说只要保持本分做人,将来一定会有一份收获,如果一直狡猾做人,迟早有一天一定会滑倒摔跟头。因此,我无论是在小时候读书,还是后来工作,以及现在做企业培训,一直坚守"本分做人"的信念。

2. 天道酬勤

我坚定"天道酬勤"的信念,因此我无论是读书还是早年的营销及管理工作,以及现在每天的备课、写书、演讲、学习、打太极拳等都是非常勤奋,让我坚定要做一名勤奋的人。

3. 厚德载物

由于我坚信"厚德载物"的信念。因此,我在课堂上不断宣传正能量,做慈善,做好事,课下做有利于帮助他人的善事。

4. 生命流动

我坚信一个人的生命在于流动,植物因为生命流动而生长旺盛开花结果,人因为生命流动而生存发展。我主张我们越交流思想,越分享他人更多的爱和帮助,我们的生命力越旺盛,我们的成就越大。因此,我要一直坚持写书、演讲、做企业培训来让我的思想、智慧、生命流动起来,这样将来才能有所成就。

问题小贴士:1.你认可上面提到的这些信念力修炼方法吗?你经常用哪些方法?

2.请读者朋友现在就开始写下你一直坚定的信念,并对信念进行排序,来指引你实现您的人生目标。

第七章

欲善其事，先利其器
——选择力修炼

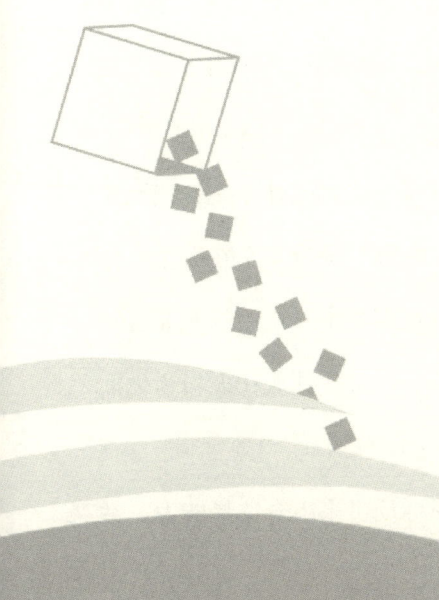

古人云:"工欲善其事,必先利其器。"正确的方法是实现人生理想的重要保证。掌握了正确的方法,往往能收到事半功倍的效果。

实际人生中,很多人由于没有掌握正确的方法,容易出现两种倾向:一种是盲人摸象,对人生没有全面的把握;一种是纸上谈兵,眼高而手低,遇到具体情况不知何处着手。不管是哪种情况,都不利于人生目标的实现。

鸟儿要会飞,羚羊要会跑

古人有诗云:"骏马能历险,犁田不如牛。坚车能载重,渡河不如舟。"说明不同的东西具有自己特定的本事。人也应该如此,有什么样的人生目标,就应该培养什么样的手段和本事。

我经常听到有的大学生说:我毕业之后一定要找到一份月薪多少多少的工作,争取做到什么什么职位。那么,我想问的是:你凭什么达到你的目标?你的资本是什么呢?对于很多已经身在职场的朋友而言,你晋升的资本又是什么呢?

人生在发展过程中,很多时候都需要毫不犹豫地向别人展示自己的实力,要敢于展示,善于展示,这就是"亮剑"。因为这年头,酒香也怕巷子深,是金子未必会发光。中国什么都缺,就是不缺人。茫茫人海,如果你一直都谦虚地默默无闻,那么,你就大错特错了。

既然具备了"亮剑"的意识,那么,下一步你就要考虑到亮什么剑:我到底拿什么资本给人家看?对于职场上的朋友而言,你"亮剑"的资本又在哪里?你的业绩提升了吗?你的能力提升了吗?你在一年内看过多少本对自己的职业有益的书籍?你参加过几次培训来为自己充电?如果没有,你又凭什么让老板为你加工资?靠抱怨?你肯定会提前被职场淘汰出局!

如果要学习某种技能,最好的方式是以场景为目标反过来组合选择能力。举

第七章 欲善其事，先利其器——选择力修炼

例说，同学要结婚了，请你去做婚礼主持。这是一个具体的应用场景。思考一下你需要具备什么样的能力？

（1）搜索能力：首先你需要去网上搜索婚礼主持相关的视频，基本25分钟左右，多看几个视频，找出时间节点，把婚礼流程和台词整理加工出来，顺便把每个环节的音乐找出来。

（2）控场能力：婚礼上人多，一开始尤其关键，务必把大家的目光全部集中到舞台上来，这就需要控场调动气氛的能力。

（3）组织能力：婚礼现场绝不能出乱，设定的环节，都必须要彩排一遍。其中需要如何配合，涉及的人，该如何配合，这些都需要你去提前安排好。最好前一两天演练一遍。

你看，针对一个场景，你很快就知道需要提高什么样的能力。这种提高能力的方式都是基于现实中的场景，所以你就不会走弯路，浪费时间。

一般而言，一件事情的完成，是不同能力组合的结果。设想它的场景，把它分解，想想里面涉及哪些能力。

现在的职业边界越来越模糊，职业规划变得越来越难。这个时候能力规划就会变得越来越重要。

举例：你想应聘做A工作。（请教做A工作的人，进行拆分。）

一旦把工作进行拆分，你就知道自己需要提高什么样的能力了。

A工作 = 能力1 + 能力2 + 能力3

同样：

B工作 = 能力4 + 能力5 + 能力6

C工作 = 能力1 + 能力7 + 能力8

大家认真看，C工作和A工作都用到了能力1。

做自己人生的卓越导演
——6P定位人生规划

生活中某两个事件之间会有能力的重叠。把A事件萃取的能力迁移到B事件去。跨界高手之所以能在多个领域牛起来，就是因为他们很擅长能力的萃取和迁移。

现在回到之前婚礼主持的这个例子，如果你完成了一件这样的事，那么你就可以去面试某些公司的"活动策划与执行"的岗位了。

所以多做事，多锻炼，只有好处而没有坏处。更新升级的路上，需要我们像工匠一样，大量练习，不断雕琢，锻炼出硬实力，独闯江湖。

当然，工作能力固然重要，但并不能代表全部。一个有着丰富工作经验的男士，跳槽来到公司，能力也特别强，但就是与同事处理不好关系，自认为自己非常牛，喜欢主动当别人的"导师"，动不动就对别人的工作指手画脚，顶头上司非常讨厌他；而同时进入公司的另外一位女士，能力不是特别强，但是非常踏实、勤奋、与其他同事相处得也很好，能够顾全大局。最后试用期结束时，那位女士得到了公司的认可，而那位男士则收到了公司的辞退通知。

一定要对职场有清醒的认识，不要生活在梦幻当中，不要太理想化，不要标新立异，不要恃才傲物，不要认为有能力就可以走遍天下。专业技能固然重要，但是职场发展看的是一个人的综合素质。综合素质高的人，才是职场发展的"潜力股"。这些综合素质，包括沟通能力、人际关系能力、团队合作能力、管理能力、工作态度及敬业精神等各种"软实力"。

无论你再怎么抱怨，再怎么不开心，饭还是要吃的，觉还是要睡的，工作还是要做的，未来的事情永远只属于自己。买房子也好，娶老婆也罢，压力只有自己扛，老板不会为你操任何心。与花时间抱怨，不如踏踏实实静下心来，好好提升自己的基本功，用事实证明自己的本事，让别人对你刮目相看，万不可因为自己的书生意气而做一个自毁前程的"愤青"。

第七章
欲善其事，先利其器——选择力修炼

有时候，你之所以发展得不好，不是因为没有机遇，而是因为你没有准备好，导致机遇与你擦肩而过。事实就是这样：发展机遇是时时都会面临的，就看你有没有准备好。

问题小贴士：请问你为实现自己的人生目标准备了哪些可行的方法？

欲揽瓷器活，先有金刚钻

俗话说：没有金刚钻，别揽瓷器活。

古时候的锔瓷艺人们为了更加精致地完善瓷器钻孔、镶金、黏合等工作，特别地制作了一种棍形工具，因其顶端上有一颗硬度非常大的金刚石所以称之为金刚钻。没有这个金刚钻，是没有办法做锔瓷活的。因为那时候工艺技术还不是很发达，打磨金刚钻头只能靠绳子，要一点一点地用心磨，类似于水滴石穿的原理，非常耗费工夫。

我们要成就人生事业，首先就需要具备足够的相关能力与方法。成功的人生既需要良好的心态，也需要足够的能力。态度是内在的，能力是外在的，如果不能把能力展现出来，就只是空想主义者。如何具备这种能力呢？当然，一是向书本学习，二是向成功人士学习，三是在实践中学习，把知识应用到实践当中，练习、练习、再练习。

网上非常流行一句话说：当你的才华还撑不起你的野心的时候，你就应该静下心来学习；当你的能力还驾驭不了你的目标时，你就应该沉下心来学习……

才华是什么？才华大概就是具备某一领域超越常规的感知力和表现力。通晓的东西领域涵盖量广及知识多且精细。当我们知晓的知识、通晓的领域涵盖量撑不起我们想要成功的事业，我们只能选择努力学习与修炼。

做自己人生的卓越导演
——6P 定位人生规划

有人说，我们正处在一个快鱼吃慢鱼、小鱼吃虾米的时代，发展节奏有目共睹，若跟不上时代发展的节奏，即使你才华横溢，若不及时给自己的大脑充电补给知识，那么你有限的才华终究会有被消耗完的一天。才华撑不起野心的时候也就意味着能力驾驭不了目标，只有通晓的领域广阔、知识涵盖量广阔，在驾驭目标的道路上才能得心应手。

人的大脑就像一块强有力的蓄电池，只有不断地对其充电，汲取外界的知识，光线才会保持明亮；如果只知道一味地放电，无论你当初蓄的电量有多足，光照有多强，终有被消耗完的一天，待大脑有限的资源耗尽，油枯灯竭的时候再要蓄电之时，是一件多么可怕且费力痛苦的事情。

才华与野心、能力与目标本就是两个相连的个体，要想走得更远、飞得更高缺一不可。一个人若是拥有才华而没有野心，即使他再有能力，也一定不会有多大的作为；没有目标就好比浑水摸鱼，不知道鱼在哪里还盲目下手，即使被你摸到了也不能归结于你的能力强大，只能归结于瞎碰运气。然而才华、野心、能力、目标四者之间却又两两对立，在拥有野心与目标的前提下必须依赖才华与能力做支撑，没有才华与能力所有宏伟的目标、远大的抱负都纯属幻想，可见才华与能力是多么的重要。

我们议论一个人是否出众、是否成功或者把一项重大的事务交给某人去办的时候，不是以他的野心与目标而定，而是以他的才华和能力而定；我们认为这个被看中的人有真才实学、有能力将这项重大事务办好时才会放心地将这项重大事务交给他。在才华与能力的基础上，野心与目标是奠定一个人作为大小的奠基石。也就是平常所说：心有多大，舞台就有多大。有了野心也就有了动力，有了目标也就有了航向，四者皆有，便不愁能不能与成功牵手。

作家杰克·伦敦的房间里有着奇怪的装饰，不论是窗帘上、衣架上还是橱

第七章
欲善其事，先利其器——选择力修炼

具上都挂着纸片，每片纸上都记录了一些美妙的词汇，他把纸片放在房间的每个角落，为的是每时每刻都随时记诵，杰克·伦敦正是借着这种对语言和素材的不断积累，才能在写作时得心应手，写出像《热爱生命》《铁蹄》这样脍炙人口的作品。

杰克·伦敦的故事说明一个道理："成功离不开平时一点一滴的积累。"这对我们是很有启发的。学习是一个循序渐进、持之以恒的过程，要想在学习上一蹴而就，成为大学问家是不可能的，因为这不符合人们认识事物的客观规律。我国古代思想家荀子，在《劝学》中说的"积水成渊，积土成山，积善成德"就是讲的这个道理。

其实，我们的任何能力与本事都是通过不断学习积累起来的，这也是我们不断磨炼金刚钻的过程。

如果有一天，你的才华撑不起野心、能力驾驭不了目标的时候，你应该选择静下心来学习，学习是增强能力的唯一途径，只有与时俱进、摒旧汲新才会让大脑有源源不断的新力量诞生，有了新的力量才能供给野心与目标，才能更好地迈向成功的彼岸。

问题小贴士：请问你掌握了哪些实现人生理想的技能呢？

磨刀不误砍柴工

古语云：磨刀不误砍柴工。意思是花一些时间把刀磨得锋利，然后再去砍柴，要比拿着一把钝刀直接砍柴效率来得高，砍同样多的柴，用锋利的刀花费的时间也要比钝刀少很多。

有一个年轻人每天到森林里面去砍木材，他非常努力地工作，别人在休息的

做自己人生的卓越导演
——6P定位人生规划

时候,他依然还是非常努力地在砍木材,非得干到天黑,否则绝不罢休,他希望有朝一日能够成功,趁着年轻多拼一些。可是来了半个多月,他竟然没有一次能够赢过那些老前辈,明明他们在休息,为什么还会输给他们呢?年轻人百思不得其解,以为自己不够努力,下定决心明天要更卖力才行。结果隔天的成绩反而比前几天还差。这个时候,有一个老前辈叫这个年轻人过去泡茶,年轻人心想:成绩那么烂,哪来的时间休息啊?便大声回答:谢谢!我没有时间。

老前辈笑着摇头说:傻小子!一直在砍柴都不磨刀,成绩不好迟早要放弃的,真是精力过剩。原来,老前辈利用泡茶、聊天、休息的时候,也一边在磨刀,难怪他们很快就能够把树砍倒。

众所周知,人的能力有大小之分,做事效率有高低之别。对大多数人来讲,最头痛的问题就是:自己缺乏能耐,自己想做的事,常因力不从心而半途而废。怎样解决这个问题呢?唯一的办法就是强化自己的能力,让自己变得更强大,使自己做任何事都游刃有余。

沃伦·哈特葛伦年轻时曾是一名挖沙工人,长年累月的劳作使他萌发了必须要成就自己的人生事业的欲望——想成为研究南非树蛙的专家。以哈特葛伦所受的教育,本来他不具备这方面的才能,但他从1969年开始,就把大部分时间和精力用在了研究的专项上。他每天都收集150个标本,共做了大约300万字的笔记,终于找到了南非树蛙的生活规律,并从这些蛙类身上提取了世界上极为罕见的一种能预防皮肤伤病的药物,从而一举成名,获得了哈佛大学的博士学位,并成为美国《时代》周刊的封面人物。他曾经问过一位年轻人是否了解南非树蛙,年轻人坦白地说,不知道。

博士诚恳地说:"如果你想知道,你可以每天花5分钟的时间阅读相关资料,这样,5年内你就会成为最懂南非树蛙的人,成为这一领域中最具权威的人。"

第七章
欲善其事，先利其器——选择力修炼

年轻人当时未置可否，但他后来却常常想起博士的这番话，觉得这番话真的道出了许多人生哲理。这位年轻人开始像博士一样把时间和精力投入到自己的专项上，终于成就了一番大事业。他的名字叫伍迪·艾伦。

美国著名企业家比尔·拉福，还是一个小伙子时，他就立志做一名优秀的商人，中学毕业后他考入麻省理工学院，却没有去读贸易专业，而是选择了工科中最普通最基础的机械专业。大学毕业后，他没有马上投入商海，而是考入芝加哥大学，攻读为期三年的经济学硕士学位。出人意料的是，获得硕士学位后，他还是没有从事商业活动，而是考取了公务员。在政府部门工作了五年后，他才辞职开始下海经商。又过了两年，他开办了自己的商贸公司。20年后，他的公司资产从最初的20万美元发展到2亿美元。比尔·拉福的每一个选择好像都是计划好的，事实也确实如此。

1994年10月，比尔·拉福率团来中国进行商业考察，在北京长城饭店接受《中国青年报》记者采访时，他谈到他的成功应感激他父亲的指导，他们共同制定了一个重要的职业规划。最终这个职业生涯规划使他功成名就。我们来看一下这个规划的概览：

工科学习→工学学士→经济学学习→经济学硕士→政府部门工作→锻炼处世能力，建立广泛的人际关系→大公司工作→熟悉商务环境→开公司→事业成功。

可以这样说，比尔·拉福在事业成功之前所做的，就属于磨刀这样的准备工作。因为他准备得充分到位，所以才有他顺理成章的成功效率。

正所谓：人不学，要落后。作为一个地球村时代的人，面对激烈的市场竞争，心中必须要有危机意识和不断学习的理念，时刻打磨自己，保持刀刃锋利。不学习，思想就会变得迟钝，遇到问题就会被缠住；不断学习，思想才能保持敏锐，眼界才会更加开阔，采取的行动才能果敢而正确。只有不断学习和磨炼自己，才

能使自己变成一把锋利的宝剑，遇到问题才能够迎刃而解。

问题小贴士：实现你的人生理想，要哪些专业和本事？

学出来的是知识，练出来的是本事

在现代社会环境下，我们不仅需要知识，而且还需要技能，以至于需要才干。当知识的差距，变成了技能的差距，这也就让我们的人生修炼转向了第二个层面——技能。当所有技能所需要的知识都存在的时候，谁先练出来，谁就是胜利者。换言之，知识的竞争升级到技能层面了。

技能与知识最大的差别是，技能是以是否熟练为判断标准。任何人刚刚接触技能，都是笨拙而滑稽的。虽然24个字母清清楚楚地写在每一个键位上，但是谁也不会一开始就运指如飞。

可以这样说，知识能学到，而技能只能习得。如果你不接受自己笨拙的开始，你永远也学不好任何技能。也正因为这个心智之墙，很多知识优胜者死也不愿走入技能的练习领域。

而当一门技能被反复地操练，就会进一步内化，成为才干。正如你现在打字不需要看键盘，正如你说话张嘴就来不用考虑发音，正如你骑单车不用想着保持平衡一样，这些技能都因为反复修炼，成为你不知不觉的才干。

而才干一旦学会，可以很迅速地迁移到其他技能领域中去。而让技能升级为才干，我们就完成了最牛的一项能力修炼：才干是自动自发的能力。无须过脑子就能够直接使用这项技能，它似乎成为你的天生属性之一。

有一本书叫《一万小时天才理论》，书中把这个能力的升级过程归功于大脑中的"髓鞘质"，并且认为："所有的动作都是神经纤维间沟通的结果。技能锻

第七章
欲善其事，先利其器——选择力修炼

炼得越多，使用得越自如，大脑就能够创造出一种非常有说服力的幻觉：一旦掌握一项技能，就会感到收放自如，仿佛是我们与生俱来的。"这就是知识—技能—才干的形成过程。

明星有"明星感"，老师有"个人魅力"，商业决策者有"精准的直觉"，一流的运动员有特殊的"节奏"，好的员工有天生的"责任心"，都不一定是"天赋"，而是经过大量技能练习后，才干与天赋交融的体现。一般来说，大家都是练出来的。

金庸小说《倚天屠龙记》中张无忌向张三丰学太极剑一段，就极好地体现了知识—技能—才干的升级过程。张无忌大敌当前，要与剑术高手比剑，却不会剑术。张三丰于是当场传他太极剑法，半个时辰后对敌。

张三丰当下站起身来，左手持剑，右手捏个剑法，双手成环，缓缓抬起，这起手式一展，跟着三环套月、大魁星、燕子抄水、左拦扫、右拦扫……一招招地演将下来，使到五十三式"指南针"，双手同时画圆，复成第五十四式"持剑归原"。张无忌不记招式，只是细看他剑招中"神在剑先、绵绵不绝"之意。

只听张三丰问道："孩儿，你看清楚了没有？"张无忌道："看清楚了。"张三丰道："都记得了没有？"张无忌道："已忘记了一小半。"张三丰道："好，那也难为了你。你自己去想想罢。"张无忌低头默想。

过了一会，张三丰问道："现下怎样了？"张无忌道："已忘记了一大半。"周颠失声叫道："糟糕！越来越忘记得多了。张真人，你这路剑法是很深奥，看一遍怎能记得？请你再使一遍给我们教主瞧瞧罢。"张三丰微笑道："好，我再使一遍。"提剑出招，演将起来。

众人只看了数招，心下大奇，原来第二次所使，和第一次使的竟然没一招相同。周颠叫道："糟糕，糟糕！这可更加叫人糊涂啦。"张三丰画剑成圈，问道：

做自己人生的**卓越导演**
——6P定位人生规划

"孩儿,怎样啦?"张无忌道:"还有三招没忘记。"张三丰点点头,放剑归座。

张无忌在殿上缓缓踱了一个圈子,沉思半晌,又缓缓踱了半个圈子,抬起头来,满脸喜色,叫道:"这我可全忘了,忘得干干净净的了。"张三丰道:"不坏,不坏!忘得真快,你这就请八臂神剑指教罢!"

须知,张三丰传给他的乃是"剑意",而非"剑招",要他将所见到的剑招忘得半点不剩,才能得其神髓,临敌时以意驭剑,千变万化,无穷无尽。倘若尚有一两招剑法忘不干净,心有拘囿,剑法便不能纯熟。

金庸大侠给我们上了一门人生进步课,"剑招—剑术—剑意"对应的,就是"知识—技能—才干"。这么短的时间里,"如何出剑"的知识和"出得熟练"的技能,显然不可能马上掌握。只有传递"剑意"才能成功。而才干的核心,就是自动自发,无知有能,所以"剑招"忘记得越干净越好。

但是为什么张无忌能够马上领会剑意?显然与他之前已经踏踏实实地按照知识—技能—才干的规律,修习了九阳神功和乾坤大挪移有关。上乘武功的才干一致,技能相通,只是知识略有不同。

问题小贴士:在你的各种本事中,哪样可以算作才干了?

选择力的修炼方法

要实现什么样的人生目标,就要选择不同的能力与方法。比较通用的方法,有演讲力、沟通力、创新力、领导力、分析力等,都需要精进修炼。(如图7-1所示。)

第七章
欲善其事，先利其器——选择力修炼

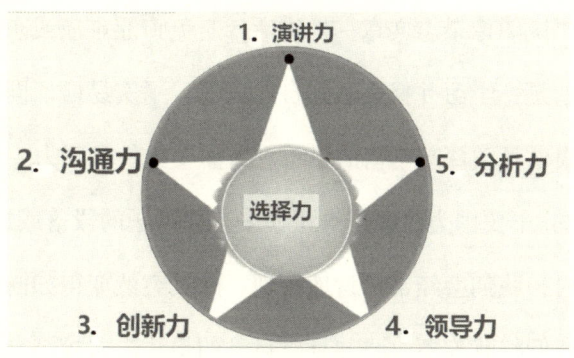

图 7-1 选择力修炼法

——演讲力修炼法

有道是：一言之辩，重于九鼎之宝；三寸之舌，强于百万雄师。

现代社会，竞争力不断提升，人与人之间的交际、你来我往的商业谈判常常发生，其他需要展示口才的场合也是不胜枚举。在这样的场合，把话说对说好就成为制胜的密钥。

那么，怎样才能提升自己的演讲能力呢？

一是获得思想。不善演讲者的首要问题在于思想底蕴太单薄。克服思想的贫乏，只有一个有效途径：为了积累真相、获得思想并充实整个头脑，我们应该读书、学习和思考。当然，仅仅有想法还不够，必须通过真实思考，同现实结合起来，当你了解并就任何给定话题进行思考时，在其他条件同等的情况之下，就可以在听众面前侃侃而谈了。

二是完善语言。不善演讲者存在的第二个问题是语言贫乏。我们应该积累丰富的词汇，把它们作为表达的原材料。如果按上面的建议去做了：专心致志地阅读，并培养思考的能力，那么已经储存了大量词汇，这些词汇在平时交谈中是听不到的。同时，还应该特别留意扩大自己的词汇量，增加一些平实严谨的词汇。

三是多说勤练。我们应当抓住每一次锻炼表达能力的机会，这一点可以从日

做自己人生的卓越导演
——6P定位人生规划

常对话开始，不要试图像杂志文章一样讲话，避免晦涩难懂或东拉西扯的生硬讲话方式。最重要的是，学习并努力做到自然流畅、平实易懂。同时利用已经扩大的词汇量，表达自己日益深刻丰富的思想。这需要勇气和毅力。

四是反复斟酌。不要因为已经了解足够多有关话题的段落或短语而骄傲自满、浅尝辄止。演讲时，我们会经常惊讶地发现，问题突然变得如同大理石一样难以破解。这时候，我们将犹豫不决，并且对自己的想法失去控制。可以通过在脑海里实际应用词汇，并且如同在公开场合演讲一样，组成整体表达思想，以对演讲中的每一寸土地深入挖掘，但是不要试图记忆思考中所采用的词汇，这将扰乱你的演讲，并且侵蚀你舒缓、活泼和有力的演讲。

五是培养想象力。马云说：我们大部分人想象力缺乏得简直令人悲哀。想象力也就是一个人走出自我，设想他人心理的能力。在进行思考的过程中，我们要在脑海中，努力回忆即将演讲的细节，不仅要用语言把这件事讲清楚，而且还要意识到你将讨论的所有话题。如果是真理——感受它，如果是爱情——体验它，如果是快乐——享受它。因此，手头要准备好与话题相关的所有元素。

六是精心准备实例。不要满足于对事件的本质仅有模糊的印象，而应该能在头脑中回忆所有必要的细节，并且通过语言表述出来。唯有如此，你才能了解自己具备描绘场景的能力。不仅要筹备大量材料事例，形成一个大致轮廓，还要注意演讲细节，详细核实你将引用的事例，注意连接词的使用。更重要的是，自己的大脑充满想法，并且都已经完全转化为具体的语句和词汇。

七是勇气和自信。能够通过公开演说影响别人的人，必须无所畏惧。首先要明白：勇气和恐惧一样，都只是一种习惯而已。越是勤奋地练习使用勇气，就越会拥有更多的勇气。如果你拥有强烈的信念，你至少可以激发出观众们的类似情感。实力派演讲家必须学习强调他的重要观点，不仅仅是通过提高声调、频繁点头示意、大幅度的挥手示意，还必须通过抑扬顿挫的口吻、明智的停顿和其他一些聪明的方式。

——沟通力修炼法

在我们所有的交际行为中，沟通始终处于核心位置。沟通会让人了解你、懂得你，从而减少工作和生活中无谓的苦恼。学会沟通能够更好地与人相处与交流。

有效沟通是打开心灵之门的钥匙，善解人意是化解矛盾冲突的关键。沟通力是每个人成长的必修课，也是每个人情商开发的积累。

沟通力一般都体现在"听"与"说"两个方面。日常生活中的"听"与"说"有很多种表现，我们可以将这些表现大致分为四种类型：愣说不听、傻听不说、愣听傻说、善听会说。我们的目标当然是善听会说，也就是我们常说的善解人意。其行为特征主要表现为：虚心听，巧妙说，主动提问，积极反馈，而其心理机制主要是全神贯注，同感共情。

其实，善解人意就是知道该说什么，不该说什么。另外，在沟通中，还要注意体语交流，比如学习察言观色、用眼睛沟通、学打哑语。这些，大家可以在现实生活中不断实践，并总结经验，这也是一门需要修炼的功夫。美国著名心理学家丹尼尔·戈尔曼说："准确感知他人的情绪是情商的突出表现。"哈佛大学著名心理学家加登纳说："体察他人的内心感受是人类智力表现之一。"

提升沟通力，可以采用以下方法。

一是聆听。就是学会认真听对方讲话，克制自己插嘴讲话的欲念，不以个人的价值观念来评断对方的叙述。要避免注意力不集中，机械听取的状态，要让自己的思维和对方讲话的节奏同步，并积极思考，积极提出问题，使沟通得以有效和继续。

二是贯注。就是全神贯注地聆听对方的讲话，认真观察其细微的情绪与体态

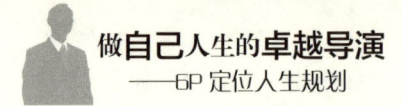

的变化,并做出积极的响应。还要有效运用言语与体语来表达对说话者的关注与理解,以使其感到他讲的每一句话,表露的每一情感都受到了重视。其中言语的表示包括"嗯""噢""是的""我明白了"等伴语,而体语表现包括点头、注视、面部表情变化及一定的沉默等,以加深对方对自己的信任。

三是学会沉默。就是在沟通中注意给对方一个情感独处与反省的机会。沉默的运用也通常需要体语的配合,如点头、注视表情变化等。但沉默运用不当就会成为对抗性的沉默,使得对方对自己的表述缺乏信任,产生沟通和交流的消极反应。对此,要善加区别,灵活应对。

四是学会同感。就是准确把握说话者的情感体验,帮助对方将淤积已久的情绪烦恼倾吐出来,以给对方带来极大的精神解脱。"情感对焦"要求人们在言语沟通中,主动捕捉对说话者的情绪表露,多讲"你感觉如何?""你一定感觉很气愤(开心)"之类的话语,使对方能够尽吐心声。要避免在对方宣泄情绪中急于安慰对方,就像好多人经常说的那样"好了,好了,不要再哭了",或者对他人的情绪没有任何同感共情,只是一味做理性分析,这样的沟通很难达到善解人意。

五是反馈。就是在对话中主动提问,积极思考,以令对方充分感到你的专注和投入,也确保你能准确无误地理解对方的讲话内容。所以,"及时反馈"会推动你在对话中不断提问,并通过不同说法来明确对方的意思。另外,在反馈时,需要在说话中尽量采用探讨商量的口吻,而非指令建议的口气,不强加个人的信念和价值观,以让对方充分享有思考与自决的权利。平时,要培养自己的表达能力,要把自己的想法正确无误地表达出来,避免出现理解了但表述不清的现象。

六是总结。就是在对话中不断做小结,以澄清要点,概括中心,使人感觉彼此的沟通交流卓有成效。"不断总结"会推动你在对话中回顾讲过的内容,并以

第七章
欲善其事，先利其器——选择力修炼

此来有效调整双方沟通的内容，确保对话双方都充分理解对方在讲什么。而且，不断总结可以避免出现听说随意、频繁跑题、时间无效浪费的现象。

七是开放对话。就是指在对话中做到"三多三少"：多探讨，少建议；多提问，少评论；多启发，少批评。它要求人在说话中多提"你有什么感受""你有什么想法"之类的开放式问题，少说"你一定感受很差""你怎么会这么想"之类的封闭型话语，以使整个对话都是在平等基础上进行的。

八是给足面子。就是在说话时要避免使用尖酸、刻薄和讽刺的语言，要从关心对方、尊重对方的出发点讲话，避免制造尴尬或者让尴尬延续。不需要每时每刻都急于展现自己的才华，有时装傻就是给别人制造台阶下，这样通常会让别人对你保持尊敬。

九是学会换位思维。就是在沟通中尽量设身处地，替对方着想，以尽可能与对方"思想聚焦，情感并轨"。这就要求沟通的双方做到"听之有心，言之中肯"，一方在听对方叙述时，全心投入并适时地做出反馈，不断达到心灵上的"和声"，以让对方充分感受到对他的尊重和理解。

——创新力修炼法

创新力又称创新能力，是以现有的思维模式提出有别于常规或常人思路的见解为导向，利用现有的知识和物质，在特定的环境中，本着理想化需要或为满足社会需求，而改进或创造新的事物，并能获得一定有益效果的行为。

创新力是每个人都具有的，并且是可以靠后天修炼提高的，但关键还是要将创新付诸实践。

21世纪，越来越需要创新力。那么，怎样才能提高自己的创新力呢？

第一，要把自己培养成一个情商高手。因为情商高手会促进创新力的提高。一个情商高手，要具备辨识自己情绪、处理负面情绪、正面激励自己、洞察他人

情绪、善用人际技巧等素质。众所周知,左脑管的是理性的思维,右脑管的是比较有创意性的思维。情商高的人会让自己的左右脑一起启动,可以促进创新能力的提高。正能量或积极乐观的心态可以对思维有扩充效应。研究发现,如果你今天很开心,让你做一些联想去解决问题,你的创意思维比较多。但是如果你心情很郁闷,心情不好的时候就容易钻牛角尖。

第二,视觉化。在碰到问题而想不出解决方法时,可以先画图,使之视觉化,一旦画图就可以启动右脑。

第三,把问题故事化。如果想不出解决方案的时候可以跟自己讲故事,因为听故事和讲故事是右脑在作业,寻求解决方案往往需要右脑的创意跟左脑的逻辑配合。因此如果一个人常常说故事,听故事,进行视觉化练习,就可以让自己的右脑、左脑一起动,就可以提高自己的创新力。

第四,修炼自己的探索力。今天大多数公司生产的创意产品,80%以上都是基于现有的产品和技术的改良或整合。这个能力可以通过系统化地训练来提高。建议大家可以先把自己培养成一个具有初步探索能力的人,首先要保持旺盛的好奇心,其次要树立终身学习的心态。

第五,要修炼自己的美学力。我们在谈所有的创新时,美学力绝对是必要的。因为创新的事物,必须要内在和外在都有创新。

——领导力修炼法

领导力,就是影响别人,让别人跟从的能力。领导力来自两个方面,一种是职位本身赋予的能力,另一种是自己本身的个人魅力对别人的影响力。

通过对全球有影响力的优秀领导者的案例进行了大量研究,结果表明:绝大部分领导者都不是天生的,领导才能是一种可以学习的技能,而非与生俱来的个人天赋。优秀领导者的目标是达成卓越的绩效,不仅是让自己达成绩效,同时让

第七章
欲善其事，先利其器——选择力修炼

下属达成令人瞩目的绩效，这种才能就是领导力的体现。

领导力修炼，主要是要解决以下几个方面的问题。

第一，你说的是真的吗？

没有信任和可行性，一切都是空谈。领导力始于追随者对于领导者的信任。如果追随者不信任领导者，所有的一切都是毫无意义的。领导者的可信度决定了人们是否愿意奉献更多的时间、天赋、精力、经验、智慧、创造力。如果领导者是非常可信的，人们就更愿意加入到领导者创建的未来的活动中。

领导者必须让人们相信，知道自己在说什么，知道自己在做什么。追随者希望他们有理由相信领导者具备履行承诺的技能和能力。领导者必须身体力行地践行自己所倡导的理念，必须以身作则和言行一致。他们需要相信你值得他们信任。你必须坦诚地面对自己的优势和劣势。你所说的话都必须是发自内心的。

第二，我们要到哪里去？

领导者和追随者之间的联系就源自他们未来想要通过团队的一起努力，达成一个心中共同的美好愿景。领导者的首要工作就是要将对于未来可能性的思考，用追随者认同的方式，结合追随者的个人需求明确地表达出来。

团队的愿景是团队未来的目标和行进的方向，没有愿景的团队就好比是没有目的地的游魂，也就无从谈起追随领导者去往何方。领导者需要有前瞻性和方向感。其他人想知道的不仅仅是你的愿景，他们还希望你能够将你的未来图景与他们的希望、梦想和抱负联系起来。只有当能够看到他们将如何与你共同分享你所描绘的未来图景时，他们才会心甘情愿地追随你。

第三，去往彼岸的路途快乐吗？

领导者的大部分工作就是要表扬人们的贡献，认可追随者的付出。同时，这也意味着领导者需要不断地分享自己对未来可能性的热爱、兴奋和热情。追随者

做自己人生的卓越导演
——6P定位人生规划

希望他所追随的领导者是积极、乐观的。积极反映了领导者对自己的个人承诺，乐观的态度显示了领导者对未来的希望。

团队众人需要领导者的鼓励才能攀得更高、投入更多、努力更多。他们需要看到并感受到领导者对于这项共同事业的激情。如果领导者只展现出很少的激情或完全没有激情的话，其他人就不会有激情。

所以，领导力修炼具体可从以下几个方面入手。

（1）关注目的。领导的首要任务是确定方向，明确目的。并以此为出发点来设计战略和战术，以确保组织能够达成目标。

（2）率先垂范。行动的感召力和影响力比语言强百倍，这是人的一种天性。

（3）关心下属。管理的本质就是感动下属。感动下属需要沟通、关心、肯定、承担责任、站在下属的立场思考问题。

（4）知人善任。真正的领导都是懂得人性的人，他们都知道"用人所长"，而包容人才的短处和缺点。

（5）目标高远。真正的领导，一定懂得利用远大的目标来激发下属的潜能，最大限度地去提升组织的绩效。

（6）智慧。智慧即智力、经验和美德。智力使人做事富有逻辑，经验能使人明智，避免走弯路、犯错误，最重要的是美德，美德才是领导力的源泉。

——分析力修炼法

分析力又称分析能力，是指把一件事情、一种现象、一个概念分成较简单的组成部分，找出这些部分的本质属性和彼此之间的关系单独进行剖析、分辨、观察和研究的一种能力。

同时，分析判断能力的高低还是一个人智力水平的体现。分析能力是先天的，但在很大程度上取决于后天的训练。在工作和生活中，经常会遇到一些事情、一

第七章
欲善其事，先利其器——选择力修炼

些难题，分析判断能力较差的人，往往思来想去不得其解，以致束手无策；反之，分析判断能力强的人，往往能自如地应对一切难题。

一般情况下，一个看似复杂的问题，经过理性思维的梳理后，会变得简单化、规律化，从而轻松、顺畅地被解答出来，这就是分析判断能力的魅力。

分析可以分为以下几种方式。

一是简单分解。列出一个清单，但没有指出各个对象之间的内在联系或处理时的优先次序、轻重缓急；将问题简单地分解成一系列的任务或活动，但没有指明每一项的意义。

二是识别关系。能够根据重要性对任务进行排序；能够把不同情形分类为"好的"和"不好的"，并进行黑白分明的选择（支持或反对、接受或拒绝等）；能够认识某种情形下两个方面简单直接的因果关系（单因单果）。

三是多重分解。对同一问题或情形的不同方面之间的关系进行分析（例如：对可能遇到的阻碍进行预测，并以此为基础制定下一步/几步的详细计划）；能够将问题或事件进行多重因果链接；能够认识到一个事件背后多种可能的原因（多因一果），一个行动可能引起的多种结果（一因多果），或一个事件中各个部分的多重因果关系（因果链：A 导致 B，导致 C，导致 D）。

四是复杂分析。能够辨认出一个问题的多个方面，并对每一个方面进行详细说明，标出它们之间的复杂的因果关系（多因多果、互为因果、交叉影响的因果关系等）；能够同时运用若干种演绎思维的方法（如因果关系、轻重缓急、时间顺序等），将复杂的问题或事物分解成部分进行分析判断；能够运用不同的分析技巧，进行复杂的计划或分析，在理性分析的基础上，对多种系统方案的优劣进行判断和选择（如成功的可能性，成本效益的比较，需求的急迫性，对未来的潜在影响等）。只是对问题进行一般的分解，特点是可以看到因果关系。该层级可

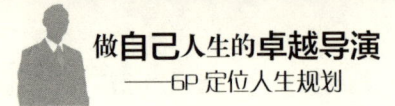

以辨别事物之间多重的联系，较为深入地分析事物之间的复杂关系。可以分析事物之间多层因果、环环相套的关系，做出自己独到的分析，看到别人看不到的东西。

我经常训练自己的选择力包括：演讲力、写作力、沟通力、领导力、营销力体验等。

问题小贴士：在上述几种选择力中，你最擅长的是什么？最欠缺的是什么？

第八章

理想再好，终须行动去实现
——行动力修炼

做自己人生的卓越导演
——6P定位人生规划

我们常常听到各种各样的人生理想，每一个理想听起来都很美好。但在现实中，不少人都没有真正坚韧不拔、全力以赴地去实现。人们热衷于谈论梦想，把它当作一句口头禅，一种对日复一日、枯燥贫乏生活的安慰。

理想是拿来实现的，所以需要行动。有人曾经说过，成事者必备的两大素质，一是悟性，二是勤奋刻苦。如果没有悟性，就不会有惊人的判断力，不会有洞察事物的前瞻性。如果没有勤奋刻苦，一切梦想都等于零。

夜里想了千千万，白天照样拉磨转

事实上，有三个问题一直萦绕在缺乏行动力者的心头，或者说是三个"心结"：为什么我总是实现不了自己的理想？为什么我投入很多，却仍然是一个失败者？为什么我年纪轻轻，心态已无比苍老？

其实是：我们很多人都是不折不扣、如假包换的"居家思考派"。比如，我们想要干一件事情，感觉很振奋，但是心里面突然莫名其妙地产生一种无力感和挫败感，顿时像被浇了一盆冷水，突然全身乏力。

我们不妨把潜意识的无力感提升到意识的层面来探究一下。

第一，目标和现状的巨大鸿沟，造成一种无论如何也达不到的情绪在心里郁结，积极性突然被打击。

第二，虽然知道自己要去哪里，但看不清前方的路，想要做下去，但不知道从何入手，热情在不停的纠结中消磨掉。

第三，也许是因为有很多想法，但是都被这样或那样的念头打消了。没有一件事是真正通过自己不懈努力达到的，所以在潜意识中产生了对自己能力的怀疑，想想这种情况多可怕啊，以往只知道随遇而安，兵来将挡水来土掩，挡不住就这样了吧，这种念头不停地在头脑中作祟，然后潜意识中也会产生这件事不做，还有下一个机会的，很多时候就慢慢地放弃了原本的念头和目标。

这就是行动力的缺乏。那么如何来提高行动力呢？

其实，也很简单。就是想到就要做到，不能拖拉，不能偷懒。行动力的强弱取决于两个要素——能力和态度，能力是基础，态度是关键。所以，我们要提升行动力，一方面是要通过加强学习和实践锻炼来增强自身素质，而更重要的是要端正态度。

那么，如何树立积极正确的态度呢？我们认为，关键是要实践好"严、实、快、新"四字要求。

一要着眼于严，积极进取，增强责任心。责任心的强弱，决定执行力度的大小；进取心的强弱，决定执行效果的好坏。所以，在行动上决不消极应付、敷衍塞责、推卸责任，而是要养成认真负责、追求卓越的良好习惯。

二要着眼于实，脚踏实地，注重实干。要提高执行力，就必须发扬严谨务实、勤勉刻苦的精神，坚决克服夸夸其谈、评头论足的毛病。真正静下心来，从小事做起，从点滴做起。

三要着眼于快，只争朝夕，办事提效。要提高行动力，就必须强化时间观念和效率意识，弘扬"立即行动、马上就办"的做事理念。坚决克服工作懒散、办事拖拉的恶习。

四要着眼于新，开拓创新，改进方法。只有改革，才有活力；只有创新，才有发展。面对竞争日益激烈、变化日趋迅猛的今天，创新和应变能力已成为推进发展的核心要素。

除此之外，最重要的则是解决自己的心结。因为所有的障碍都来自你的内心，如果你可以尝试着来接受这一认识，行动可以毫不费力。在生活中无论是多么无聊的工作和活动，都可以通过改变内在的感觉而变得充满乐趣。

做自己人生的卓越导演
——6P定位人生规划

清除内心的障碍就是要清除你所关心的问题的所有感觉和思维，你的内在感觉和思维越少，行动力就越强。任何时候当你发现自己无法采取行动的时候，就请察觉你自己的感觉与思维，然后将它们放下，你会发现一切都是毫不费力的。

当然，察觉内在感觉与思维需要经过练习。

我们天生具有敏锐的内在察觉力，但是在长期的生活经验中，因为太过于注重外在，以及长期被外在吸引了注意力，因此已经完全忽略了自己的内心世界，事实上内在世界是非常复杂的，而且它的活动频率非常高，如果单从思维的角度来看，没有人知道自己每一天会有多少个念头在运转，但是，我们有一个非常好的风向标，那就是情绪和感觉，首先察觉情绪与感觉，然后就可以看到自己的思维，这样就能够知道行动障碍在哪里了。

学会放下，可以帮助你随时察觉自己的内在阻力。这是一个非常简单、有效、易掌握的方法，任何时间当你自己内心产生了不好的感觉时，都可以运用这个方法。

问题小贴士：请问思想派和行动派中，你更倾向于哪一派？

一个行动胜过一打纲领

以我们的经验来看，成功者多数都是能够快速行动、尽一切力量去争取和做到最好的人。那些每日在脑中分析各种利弊可能、思虑过多的人，最后都很难避免失败的结果。这与"有没有梦想"无关，而是与"行动的意志"有关。

有个参加了阿富汗战争的美军士兵接受采访，记者让他说说自己的保命法则，他冷冷地说："很简单，先开枪，再瞄准。"

就是说，哪怕计划尚不完善，未来仍不明朗，你也要在行动的过程中思考最

第八章
理想再好，终须行动去实现——行动力修炼

佳的解决之策，而不是等万事想好了再行动。遗憾的是，几乎所有"资深的拖延症患者"，都存在着六个致命的问题。

一是信息太多，无所适从。我们每天都在做出大量的决定，随时随地都在做大大小小的选择题。仅仅一个"下顿我要吃什么"的问题，我们一天要为此思考200多次；其他诸如"身上的衣服是否合适""我要听一首什么歌曲"这些琐碎的问题，我们一天也要思考500多次。选项越多，大脑的工作量就越大，它会将主要的精力都用到对信息的辨识与选择上，推迟了行动的时间。

二是眼高手低，总以为怀才不遇。总有很多人觉得自己的能力没被人重用，明明一腔才华别人却看不到，于是给自己的工作戴上一顶"怀才不遇"的帽子：我是有能力的，你不用我是你的错，是这个社会和公司环境的问题。以为这样便可以降低自己的无能感，使自己从毫无建树的失败深渊里得到解脱，顺便还把自己行动力差的责任推给了别人。

三是完美主义，要求太高。许多人是显性或隐性的完美主义者，他们在脑海中存在一个完美主义模型："我必须做好某件事，并且我要按照某种步骤完成它。"这种强迫症式的表现容易走极端：要么一点不做，要么全部做好。当人极度追求完美时，"恐惧"便常驻心中。这体现在，只要有一点点风吹草动或失败的可能，都有可能终止行动，停下来继续"设想"。

四是不善变想法为"可行方案"。具体表现是，走一步算一步，对目标缺乏规划。这导致了今天还干劲十足、明天就偃旗息鼓的现象，缺乏规划就会让人不清楚前面的行动步骤，并对任何短暂的停滞感到忧虑。想法可能是好的，却没有一个可行的方案，大部分人都虎头蛇尾，无法将计划贯彻下去。

五是喜欢为懒惰寻找借口。很多人往往在做好一份热血沸腾的计划后，并未坚定不移地去执行，而是继续居家思考，给自己制造各种不行动的借口。拖延会

在潜意识中创造一个隐秘的舒适区,把我们的精神焦点拉到这儿储存起来。这时你会发现自己分裂成了两个人,一个在拼命地高喊:"快点行动!"另一个却悠闲自得地躺在舒适区,得过且过。

六是心理脆弱,遇到问题轻易放弃。有些心理过于脆弱者,遇到一些很容易解决的困难不是想办法去处理问题,而是直接放弃。站在自己的立场看待问题时,人们就会夸大困难,并为自己制造虚幻的正义感来摆脱责任:"我已经努力过了,不是我的错。"

要戒掉那些有碍于行动力的种种拖延的毛病,我们必须命令自己立刻从这六个问题的琐碎纠结中脱身出来。当你可以洒脱地以简洁的思考对待生活和工作时,行动本身还是问题吗?

问题小贴士:你在行动力方面存在问题吗?什么原因造成的?

从行为到习惯必须有一个过程

心理学巨匠威廉·詹姆斯有一段对习惯的经典注释:"种下一个行动,收获一种行为;种下一种行为,收获一种习惯;种下一种习惯,收获一种性格;种下一种性格,收获一种命运。"

人们往往会不由自主地启用自己的习惯,不论是好习惯还是坏习惯,都是如此。由此可见,习惯的力量会影响人的一生。奥维德说:"没有什么比习惯的力量更强大。"习惯是思想与行为的真正领导者。

在我们的身上,好习惯与坏习惯并存,而获得成功的可能性就取决于好习惯的多少。人生仿佛就是一场好习惯与坏习惯的拉锯战,把高效能的习惯坚持下来就意味着踏上了成功的快车。

第八章
理想再好，终须行动去实现——行动力修炼

一般来说，习惯可以在有目的、有计划的训练中形成，也可以在无意识状态中形成。而良好的习惯必然在有意识的训练中形成，不允许也不可能在无意识中自发地形成，这是好习惯与坏习惯的根本区别。相对于其他习惯而言，坏习惯形成以后，要改变它是十分困难的，俗话说："江山易改，本性难移。"从根本上说，任何一个好习惯的养成都不会是轻而易举的。

在行为心理学中，把一个人的新习惯或理念的形成并得以巩固至少需要 21 天的现象，称为 21 天效应。这是说，一个人的动作或想法，如果重复 21 天就会变成一个习惯性的动作或想法。

为什么会发生 21 天效应呢？

一是旧习惯、旧理念对新习惯、新理念形成的干扰。当两种习惯、理念在形式上有很大的相似性，但其中某些因素都要求相反的内容时，就会发生干扰。实践表明，旧习惯、旧理念越是巩固，新习惯、新理念的形成就越容易受到干扰。因此，在旧习惯、旧理念干扰下学习一种新习惯或新理念，就会时常出现某些顽固性的错误。

二是理念与习惯的形成需要一个过程。第一阶段，顺从。即表面接纳新理念或开始新习惯，在外显行为上表现出尽量与新的要求一样，而在实质上未发生任何变化。此时，最易受到外部奖励和惩罚的影响，因为顺从可获得奖励，不顺从就会遭到惩罚。第二阶段，认同。认同是在心里主动接纳新理念、新习惯的影响，比顺从更深入一层，此时意识成分更加浓厚，不再是被动的、无奈的，而是主动地、有意识地加以变化，使自己尽可能接近新理念、新习惯。第三阶段，内化。此时新理念、新习惯已完全融于自身之中，无任何不适之处，已彻底发挥新理念、新习惯的作用。一般而言，这三个阶段对非特异的理念、习惯只需 21 天便可形成，这是大量实验与实践的结果。

做自己人生的卓越导演
——6P 定位人生规划

三是新理念、新习惯的形成需要不断地重复，即使简单的不断重复也是十分有效的。21 天效应不是说，一个新理念、新习惯只要经过 21 天便可形成，而是 21 天中这一新理念、新习惯要不断地重复才能产生效应。

"形成或改变一个习惯只需要 21 天"，这句话常被认为是出自美国心理学家威廉·詹姆斯，可是从来就没有人找到过出处。另一个可能的出处，是美国的一位著名整容医生麦斯威尔·莫尔茨。莫尔茨观察整容后的人，发现他们平均需要 21 天来习惯他们的新脸孔，而截肢患者则需要 21 天才能适应自己的假肢。需要我们留意的是，习惯某物与形成一个习惯是不一样的，也许这两个概念在传播的过程中发生了混淆，才有了今天的这个说法。但是很不幸，最新的心理学研究发现，习惯形成所需要的时间也许远远多于 21 天。

养成一个习惯究竟需要多久？

伦敦大学的健康心理学家费莉·帕勒理及其同事，招募了 96 名参与者，让他们每天重复一项与健康相关的活动，持续 84 天，看有多少人可以形成习惯。参与者可以选择晚餐前做 50 个仰卧起坐、早餐后散步 10 分钟或者饭前做 15 分钟的运动。因为是参与者自己选择，所以研究者认为这些行为对他们而言是有内在激励作用的，除此之外，没有任何其他的外在激励。结果发现，平均而言，全部参与者需要 66 天的时间来形成这些习惯。

当然，不同参与者所需的时间是不一样的。有一位参与者在 18 天时就已将习惯固定下来，而有一些参与者到了第 84 天还没有成功，根据统计推断，他们可能需要在第 254 天才能达到。行为本身的难度也会影响习惯形成的时间。研究表明，早餐后散步 10 分钟比早餐前先做 50 个仰卧起坐更容易成为习惯，也许有些行为本身就是更容易自动化，而另一些则需要我们付出更多的努力才能实现。

这个研究还有另外一些发现。行为突然间断一天半天并没有太大的影响，无

第八章
理想再好，终须行动去实现——行动力修炼

论是在习惯形成的早期还是后期。但间断的时间必须是短暂的，如果让参与者停上一个星期，养成习惯的效果就会大打折扣。

总之，对于希望养成某些习惯的人们来说，坚持才是王道。坚持 21 天就可以形成一个习惯固然美好，可终究只是一个传说，要养成好习惯，我们需要付出更多的力气和努力。

问题小贴士：你有哪些好习惯？你有哪些坏习惯？

挫折是压力，更是动力

人们都希望自己的生活中能够多一些快乐，少一些痛苦；多一些顺利，少一些挫折。可是人生难免会遇到失落、痛苦和挫折，没有经历过痛苦和失败的人生不是完整的人生。巴尔扎克说："挫折和不幸，是天才的晋身之阶，信徒的洗礼之水，能人的无价之宝，弱者的无底深渊。"这是人生的道理。

人生在世，谁都会遇到挫折，适度的挫折具有一定的积极意义，它可以帮助人们驱走惰性，促使人奋进。挫折又是一种挑战和考验。英国哲学家培根说过："超越自然的奇迹多是在对逆境的征服中出现的。"关键的问题是应该如何面对挫折。

有一则故事说：草地上有一个蛹，被一个小孩发现并带回了家。过了几天，蛹上出现了一道小裂缝，里面的蝴蝶挣扎了好长时间，身子似乎被卡住了，一直出不来。天真的孩子看到蛹中的蝴蝶痛苦挣扎的样子十分不忍。于是，他便拿起剪刀把蛹壳剪开，帮助蝴蝶脱蛹出来。然而，由于这只蝴蝶没有经过破蛹前必须经过的痛苦挣扎，以致出壳后身躯臃肿，翅膀干瘪，根本飞不起来，不久就死了。自然，这只蝴蝶的欢乐也就随着它的死亡而永远地消失了。

做自己人生的卓越导演
——6P 定位人生规划

这个小故事也说明了一个人生的道理，要得到欢乐就必须能够承受痛苦和挫折。这是对人的磨炼，也是一个人成长必经的过程。

就成材而言，不管顺境还是逆境，都是外因，是要靠内因来起作用的。这样就可以解释为什么"自古英豪出贫贱，纨绔子弟少伟男"了，因为顺境中的人容易受迷惑，他们往往贪图享受，不知奋进，不知道苦难为何物。而没有志向，没有进取心的人，又怎么能成材呢？逆境中的人则不同，他们饱受磨难，一次次与命运和困难做斗争，为走出逆境，大多都树立了远大志向和坚定目标。人没有压力不抬头，没有动力不奋进，一旦二者兼备，就会发挥出令人吃惊的潜力。这正是顺境中的人一般不具备的。

顺境中的人如果能不图安逸，立下壮志，奋力拼搏，又何愁不能成材呢？相反，逆境中的人如果经不起磨难，就会消沉下去乃至被吞噬。

古往今来，有许多名人都是经过逆境奋进成功的。像司马迁，他由于李陵一案身受宫刑，蒙受大辱，但他终于挺过磨难，发愤写完了辉煌巨著——《史记》。美国的大发明家爱迪生，小时候家里买不起书，买不起做实验用的器材，他就到处收集瓶罐。一次，他在火车上做实验，不小心引起了爆炸，车长甩了他一记耳光，他的一只耳朵就这样被打聋了。生活上的困苦，身体上的缺陷，并没有使他灰心，他更加勤奋地学习，终于成为了一个举世闻名的发明家。

韩信，汉初军事家。淮阴人。年少时父母双亡，家道贫寒，却刻苦读书，熟演兵法，怀安邦定国之抱负。苦于生计无着，于不得已时，在熟人家里吃闲饭，有时也到淮水边上钓鱼换钱，屡屡遭到周围人的歧视和冷遇。一次，一群恶少当众羞辱韩信。有一个屠夫对韩信说：你虽然长得又高又大，喜欢带刀佩剑，其实你胆子小得很。有本事的话，你敢用你的配剑来刺我吗？如果不敢，就从我的裤裆下钻过去。韩信自知形单影只，硬拼肯定吃亏。于是，当着许多围观人的面，从那个屠夫的裤裆下钻了过去。史书上称"胯下之辱"。韩信后来竟然被刘邦拜为大将，成为国家的栋梁。

有道是："天将降大任于斯人也，必先苦其心志，劳其筋骨，饿其体肤，空乏其身，行拂乱其所为，所以动心忍性，曾益其所不能。"看来，不经过风浪，就不能达到胜利的彼岸；不经历风雨，就不能看到彩虹；不经受磨难，就不能成大事。

不仅如此，甚至就连危机中也是存在机会的。在智者的眼中，危机就是危险中的机会。上帝如果要送一份特殊的礼物给你，一定先以问题做包装。危机是否能够变为机会，只有你的心灵转化，才能进一步海阔天空。

在我们的现实生活中，绝对没有人愿意遭遇危机，但危机往往是不邀而至。我们是否想过，在危机中也包含着转机，就像当年亚拉巴马州的人们因遭遇象鼻虫灾害而走上了经济繁荣之路一样。"危机"其实一直都包含着两个方面的内容："危险"和"机遇"。只是我们习惯性地只看到"危险"而看不到"机遇"。危机虽然已经发生了，但是我们不要叹息，不要沮丧，我们要做的就是用心去捕捉危机中的转机，从而走向一个新的开始，走向更美好的未来。

问题小贴士：你怎么看待挫折和危机？

行动力的修炼方法

行动力不是蛮干，当然需要方法。提升行动力，可以通过分解、聚焦、坚持、提效、情绪控制等方法进行修炼（见图8-1所示）。

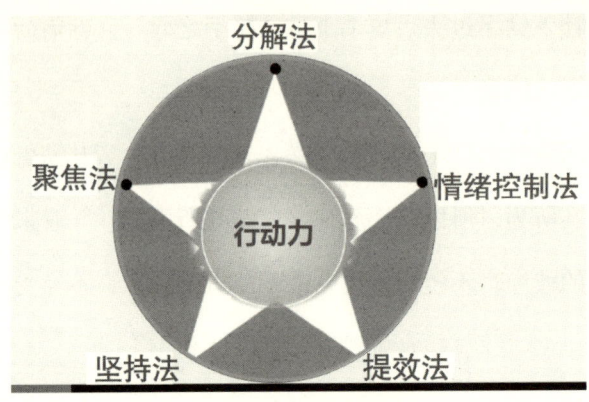

图 8-1 行动力修炼法

——分解法

坦率地讲,成功不是一蹴而就的事情,很多时候,我们都需要一个长远的目标来为自己指引方向,这样我们才能够在世事变化中始终坚持自己的方向,而不至于走弯路。但毫无疑问的是,一个长远目标的实现往往都需要花费较长的时间,而在短时间内的效果通常不是很明显,这样,人们的积极性就很容易受挫。

相对而言,人们往往容易接受短期、具体的东西,而对那些远期模糊的东西则不容易受其影响。一个目标即使再远大,如果我们看不到摸不到,那么它于我们而言就只是一句空话,很可能不会得到实施。

这个时候,我们就必须针对这个大目标进行肢解和分段去完成,细分成可立刻执行出结果的小目标,当我们只专注眼前这个小目标的时候,因为它很容易,稍微努力一下就可以实现了,那么自己解决问题的信心也会大大增强,因为它容易嘛,没什么好逃避的。

比如,我们要在 15 年里把祖国的大好河山游览一遍,那么我们就可以给自己定下每一年要去的地方、先去哪些地方。这样,这个目标才会更加清晰,也才有了实现的可能。

1984 年,在东京国际马拉松邀请赛中,名不见经传的日本选手山田本一出

第八章
理想再好，终须行动去实现——行动力修炼

人意料地夺得了世界冠军，当记者问他凭什么取得如此惊人的成绩时，他说了这么一句话："用智慧战胜对手。"

当时许多人都认为，这个偶然跑在前面的矮个子选手是故弄玄虚。马拉松是体力和耐力的运动，只要身体素质好又有耐性就有望夺冠，爆发力和速度都在其次，说用智慧取胜，确实有点勉强。

两年后，在意大利国际马拉松邀请赛上，山田本一又获得了冠军。有记者问他："上次在你的国家比赛，你获得了世界冠军，这一次远征米兰，又压倒所有的对手取得第一名，你能谈一谈经验吗？"

山田本一性情木讷，不善言谈，回答记者的仍是上次那句让人摸不着头脑的话："用智慧战胜对手。"这回记者在报纸上没再挖苦他，只是对他所谓的智慧迷惑不解。

十年后，这个谜团终于被解开了，山田本一在他的自传中这么说："每次比赛之前，我都要乘车把比赛的线路仔细看一遍，并把沿途比较醒目的标志画下来，比如第一个标志是银行，第二个标志是一棵大树，第三个标志是一座红房子，这样一直画到赛程的终点。比赛开始后，我就以百米冲刺的速度奋力向第一个目标冲去，等到达第一个目标，我又以同样的速度向第二个目标冲去。四十几公里的赛程，就被我分解成这么几个小目标轻松地跑完了。起初，我并不懂这样的道理，我把我的目标定在四十几公里处的终点线上，结果我跑到十几公里时就疲惫不堪了，我被前面那段遥远的路程给吓倒了。"

确实，要达到目标，就要像上楼梯一样，一步一个台阶，把大目标分解为多个易于达到的小目标，脚踏实地向前迈进。每前进一步，达到一个小目标，就会体验到"成功的喜悦"，这种"感觉"将推动我们充分调动自己的潜能去达到下一个目标。

做自己人生的卓越导演
——6P 定位人生规划

人类都有一个普遍的共性，那就是或多或少都有些贪念，遇到一个问题就想马上解决掉，想一口气能吃成个胖子，这样难免会使自己的心态急躁，无法对自身做出正确的定位和判断，很容易迷失自己。而目标细分能够帮助我们很好地控制住自己的欲望，每天只关注眼前的这个小目标，不用想其他的，才不会使自己迷失了前进的方向。

关于目标分解的方法，有以下几个：

1. 剥洋葱法。

像剥洋葱一样，将大目标分解成若干个小目标，再将每一个小目标分解成若干个更小的目标，一直分解下去，直到现在该去干点什么。实现目标的过程，是由现在到将来，由低级到高级，由小目标到大目标，一步步前进。但是，设定目标最高效的方法，却是与实现它的过程正好相反。运用剥洋葱的方法，由将来到现在，由大目标到小目标，由高级到低级，层层分解。

在我们做个人生涯规划的过程当中，我们可以运用剥洋葱的方法。首先，找到自己的梦想，然后将梦想明确化，变成我们人生的终极目标。然后将终极目标演化成我们人生的总体目标。总体目标不要太多，最好只有一个，不要超过两个。然后，把总体目标，分解成几个五年至十年的长期目标。再继续分解下去，把每个长期目标，分解成若干个两到三年的中期目标。再把两到三年的中期目标，分解成若干个六个月到一年的短期目标。然后将每个短期目标，分解成月目标、周目标、日目标，最后一直分解到现在该去干些什么。

所有的目标，不管它有多大，一定要分解到你现在去做些什么！

你现在所做的每一件事情，都应该跟你的梦想相关联，否则这个梦想实现的可能性就不大了。

2. 多杈树法

我们可以想象一下，有一棵大树，从树干开始，就会有若干个分枝，每个分枝会有更小的树枝，每个更小的树枝有再小的树枝，直到叶子。我们用树干表示大目标，每个树枝代表小目标，叶子就是我们现在的目标，或是我们现在要去做的每件事情，所应该达到的结果。

将一个目标用多杈树法分解的技巧为：

首先，弄清楚大目标和小目标之间的逻辑关系。

（1）小目标是大目标的条件。

（2）大目标是小目标的结果。

（3）小目标如果全部实现，那么大目标一定就会跟着实现。

写下一个大目标，然后问：要实现该目标的条件是什么？

列出实现目标的必要条件和充分条件。完成这些条件，就是达成该大目标之前必须首先达成的小目标。每一个小目标，就是大目标的第一层树杈。

接下来，再问：要实现这些小目标的条件是什么？

列出达成每一个小目标所有的必要条件与充分条件。这样就会变成各处的小目标的第二层树杈。

如此类推，直到画出所有的树叶（即时目标），才算完成该目标的多杈树分解。每个目标最后都可以被描绘成一棵枝繁叶茂的大树。

从叶子到树枝，再到树干，不断地问：如果这些小目标均达成，那么大目标一定会达成吗？

回答如果是"是"，表示这个分解已经完成。如果回答是"不一定"，表明所有列出的条件还不够充分。继续补充被忽略掉的树枝（小目标）。一棵完整的目标多杈树，就是一套完整的达成该目标的行动计划。目标多杈树，又叫"计划

多权树"。

诸如读书、健康、职业晋升、家庭、养老规划、夫妻感情规划、孝敬老人等等，都可以根据总目标分解到每一年、每一月、每一周、每一日中，这样就可以轻松地循序渐进地完成最终目标了。我在给我的学员进行职业规划专业辅导时，也是采取以上的剥洋葱法或多权树法来进行分解职业目标的。

——聚焦法

达·芬奇说："我很久才认识到：有成就的人很少退缩，任由事情摆布；他们通常都是挺身而出，直面困难。"

要想成功必须付出行动，成功不会自己降临在你身上。然而对于有些人而言，付出行动是艰难而痛苦的。人们很容易就陷入懒惰与贪婪的王国。

那么，怎样才能摆脱这种恶习提高自己的行动力呢？可以运用聚焦法来提升自己的行动力。

不妨先制定一个行动计划，然后严格执行，无论遇到什么特殊情况。这是在身体上让你有一个意识，让身体的生物钟去影响你的思维。

一个时间段内只做一件事情，无论有什么其他外界干扰因素，都不分心。要想有行动力，就必须能够经得起诱惑。

回归现实可以帮助你走出多思考的状态，放手去干任何你想做的事情。在这种状态下，你会觉得正确的行动就像流水一样汩汩涌出，专注，舒适，轻松。回归现实最简单的方法，就是专注于自己的呼吸一到两分钟。

从长远来看，提高行动力的更持续更健康的方法是自己对自己负责而不是让他人对自己负责。对于自己的行为，建立自己的标准和原则。相比于从他人那里得来的行事标准，你自己建立的标准会更持久。这些标准是你从内心深处认可的，而不用随其他人或外界环境的变化而变化。

第八章
理想再好，终须行动去实现——行动力修炼

使用简易的任务清单。任务清单虽然简单，却是你记住自己要做的事的绝好方式。从一种坐在椅子上无所事事的状态转变到一种不断做事情的状态，你需要：从小事开始。如果从最繁重最艰难的工作开始着手行动，你会压力很大而且很容易陷入拖延状态。所以，先从一些看起来不太难的事情开始吧。我最喜欢的是花几分钟时间，整理一下我的办公桌。接下来再做别的事就显得不那么困难了，因为我已经是一个行动者了。

那么，你有什么妙招来提升行动力吗？

——坚持法

骐骥一跃，不能十步；驽马十驾，功在不舍。同样，成功的秘诀不在于一蹴而就，而在于你是否能够持之以恒。

古苏格兰国王罗伯特·布鲁斯，六次被入侵之敌打败，失去了信心。在一个雨天，他躺在茅屋里，看见一只蜘蛛在织网。蜘蛛想把一根丝缠到对面墙上去，六次都没有成功，但经过第七次努力，终于达到目的。罗伯特兴奋地跳了起来，叫道："我也要来第七次！"他组织部队，反击入侵者，终于把敌人赶出了苏格兰。

有个年轻人去微软公司应聘，而该公司并没有刊登过招聘广告。见总经理疑惑不解，年轻人用不太娴熟的英语解释说自己是碰巧路过这里，就贸然进来了。总经理感觉很新鲜，破例让他一试。面试的结果出人意料，年轻人表现糟糕。他对总经理的解释是事先没有准备，总经理以为他不过是找个托词下台阶，就随口应道："等你准备好了再来试吧。"

一周后，年轻人再次走进微软公司的大门，这次他依然没有成功。但比起第一次，他的表现要好得多，而总经理给他的回答仍然同上次一样："等你准备好了再来试吧。"就这样，这个青年先后5次踏进微软公司的大门，最终被公司录用，成为公司的重点培养对象。

做自己人生的卓越导演
——6P定位人生规划

没有人是一步就走到成功的终点的,就算是大哲学家、大思想家柏拉图也不例外。大家知道他是如何成功的吗?当初,苏格拉底对他和他的同学说,让他们每天甩手100下,有的人认为这是一件非常简单的事,但苏格拉底却说:"你们认为这是件非常简单的事吗?我可不这么认为,反而我认为这是非常困难的事。"过了10天,有80%的人坚持了;20天后,50%的人坚持了。三个月后,只有一个人坚持了下来,那就是柏拉图。

很多人觉得成功很难,认为成功者必须具备过人的智慧或者拥有先天的优越条件,否则是很难成功的。错!不管我们有没有过人的智慧和先天的优越条件,只要我们一步步坚持走下去,终会走到成功的终点。

其实,养成习惯的快慢跟你热爱的程度成正比,比如戒烟需要100天,但我重新养成吸烟的习惯只需一根烟,人的主观总会决定一些习惯的发展。一般来说好习惯难坚持坏习惯容易养成。所以无论如何,在养成好习惯时,请一定要坚持到底。

以我个人为例。作为培训老师,我始终在坚持训练嗓音,提升声音的穿透力。每天早晨起床练嗓音,在心里进行冥想,气体从丹田一步一步呼出来,不是用嗓子说话,而是用丹田说话。几十年如一日,坚持早上练习杨氏85式太极拳;吃饭或者走路时听得到和喜马拉雅的学习类节目;坚持写作、看书,出差旅途都要看书,已经养成习惯。我的很多学员也养成这样的习惯,效果也很不错。可见,任何的好习惯都可以通过训练来养成。

读者小贴士: 请您此刻写下自己每天要坚持做的事情,至少先持续做100天,养成好习惯。

——提效法

现代社会,十分看中对于效率的追求。无论是学习还是工作,高效永远比拖

第八章
理想再好，终须行动去实现——行动力修炼

延时间完成更受众人追捧。

那么，怎么提高自己学习或工作的效率呢？

其一，定义每日要事，拒绝多线程工作。每日要事就是你每天需要做的事情中最重要的那几件。每天花几分钟定义好今天最重要的3~5件事情，能帮助提高你的整体效率——毕竟如果你连重要的事情是什么都分不清楚，更何谈高效专注于重要的事情呢？支持多线程工作可谓是如今许多设备的标配，而人们的生活也逐渐受此影响，开始倾向于一心多用。不过科学家告诉我们，人类并不能如机器一般完美胜任"多线程操作"，每次专注于一件事情，更有助于高效地完成工作，并且减少错误概率。

其二，精力集中，专心不二。这八个字看起来简单，做起来还是有一定难度的。人的精力往往会受到外界事务的干扰，如果不是在一个相对安静和封闭的环境里，想要集中精神做一件事是难上加难。作为一个普通人，我们大多做不到八面玲珑，声声入耳。既然不能一心多用，那就应该踏踏实实地一心一意只做一件事，不要贪多。人的精力有限，应当把精力集中在一件事情上，在给自己规定的时间内完成之后，再去想其他。贪多的结果有两种：一是精力超群面面俱到；二是如果能力不足，一大摊子事都处理不好。与其同时进行得不偿失，不如各个突破以求高效。

其三，简化工作，把事情变得有趣。将简单的东西复杂化不是本事，将复杂的东西简单化才是能耐。当工作像山一样堆在面前，不要硬着头皮干，那样根本做不好。首要的任务就是将工作简化，当面前的大山被你简化成小山丘，是不是豁然开朗，起到了事半功倍的效果？困难的工作听起来不会令人感到愉悦，但事实上这可能就是最能让我们感到高兴的事。一个困难的问题不但能让你集中全部注意力，而且当你完成它的时候你会感到非常棒，非常有成就感。所以帮助自己

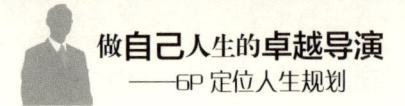
做自己人生的卓越导演
——6P定位人生规划

完成一件事的秘密不是说服自己必须完成它，而是说服自己这件事确实非常有意思。如果一件事没有意思的话，你需要做的就是让它变得有意思有趣味。

其四，统筹兼顾，合理安排。统筹法是运用统筹兼顾的基本思想，对错综复杂、种类繁多的工作进行统一筹划、合理安排的一种科学方法。华罗庚教授在《统筹方法》一文中，运用一个非常简单的泡茶的例子来说明。

例如：早上起床，想泡壶茶喝。当时情况是：开水没有，开水壶、茶壶、茶杯要洗，火已生了，茶叶也有了，怎么办？

方法一：洗水壶，灌水，放在火上；等水烧开的时间，洗茶壶、茶杯，放茶叶；等水烧开了，泡茶喝。

方法二：洗水壶，洗茶壶、茶杯，放茶叶；灌水，放在火上；等水烧开了，泡茶喝。

方法三：洗水壶，灌水，放在火上；坐等水烧开了，洗茶壶、茶杯，放茶叶，泡茶喝。

显然，第一种方法更加节省时间，更加合乎统筹兼顾的思想。

统筹法的基本思想是：首先从需要管理的任务的总进度着眼，以任务中各工作所需要的持续时间为时间因素，按照工作的先后顺序和相互关系做出统筹图，以反映任务全貌，实现管理过程的模型化。然后进行时间参数计算，找出计划中的关键工作和关键线路，对任务的各项工作所需的人、财、物通过改善网络计划做出合理安排，从而得到合理方案并付诸实施。此外，还可对各种评价指标进行定量化分析，在计划的实施过程中，进行有效的监督与控制，以保证任务优质优量地完成。最简单的例子，比如我本人就经常一边做饭或者洗碗，一边听APP专家讲课。一边坐在司机的车上赶往外地去讲课，一边在车上看书或者写书或者备课一举两得。

第八章
理想再好，终须行动去实现——行动力修炼

——情绪控制法

在竞争时代，大家几乎都面临着各种各样的生存压力，过大的压力不但会影响人的身体状况，而且影响人生目标的有效实现。

有一项调查研究表明，有 25.04% 的被调查者存在一定程度的心理健康问题；2.24% 的被调查者存在严重的心理健康问题；22.81% 的被调查者存在比较严重的心理健康问题；60% 的人希望得到不同程度的心理帮助；我们正常人群中存在心理障碍的比率高达 20% 左右。

所以说，控制情绪就显得非常重要。情绪控制能力首先要有良好的文化底蕴，有良好的成长环境的熏陶，有自我意识的积极修炼。下面是一些方法，可以供大家参考。

1. 注意力调控法

改变情绪最有效且最简单的一种方法，就是改变我们的注意力。当你情绪不佳时，把注意力调整到你过去的光辉之处，来一段美好的回忆；当你对某人有看法时，把你的注意力调整一个角度，看看此人对你好的一面；当你对某事反感时，把你的注意力调整 180 度，看看事物的另一面。这样也许能改变你的情绪，使你的心情更加愉快，使你的生活、工作、学习更加顺利。

2. 自我平衡法

心理学家们认为，我们之所以对自己施以过度的压力及自责，主要因为我们的潜意识中有一种"我的过错，所有的人都看得到，而且都很在乎；我犯了错，我再也没法在他人面前抬起头来"的想法在作怪。但事实上呢，时过境迁之后，别人可能早就忘了这件事，自己却一直耿耿于怀，也许一辈子都忘不了。如此重视，是因为视自己为世界的中心，认为世界是绕着自己转的，所以自己有一点错，就是惊天动地、不得了的大事，别人全在注意自己，自己的一切全完了。真的有这么严重吗？其实别人并没有把你看得那么重要，有缺点、有毛病、工作失误都是一种正常现象。你会犯错误，别人也会犯错误，彼此彼此。

3. 及时宣泄法

人在生活中难免会产生各种不良情绪，如果不采取适当的方法加以宣泄和调节，对身心都将产生消极影响。因此，如果有不愉快的事情及委屈，不要压在心里，而要向知心朋友和亲人说出来或大哭一场。这种发泄可以释放内心的郁积，对于人的身心发展是有利的。当然，发泄的对象、地点、场合和方法要适当，避免伤害他人。

4. 运动疏解法

据心理学专家温斯拉夫研究发现，最好的情绪疏解方法之一是运动。因为当人们在沮丧或愤怒时，生理上会产生一些异常现象，这些都可以通过运动，如跑步、打球、打拳等，使生理恢复原状。生理得到恢复，情绪也就自然正常。

5. 暗示调节法

自我暗示是改变自己情绪的有效方法之一。其基本的做法是自己给自己输送积极信号，以此来调整自己的心态，改变自己的情绪。具体的暗示方法有多种。比如，早上起床时，就开始给自己暗示：今天我心情很好！今天我很高兴！今天我办事一定顺利！今天我一定有好运气！类似这样的话，要不断地给自己暗示，使自己的潜意识接受这些信号。这将对你一天的情绪有很大的影响，使你能够心情愉快、精神饱满地去从事各项工作。

生活中，人人会遇到许多坎坷和不顺心，平凡人有，名人有，大官者亦有。因此，只要对社会有一个较深刻的了解和认识，想想社会上还有许多人不如己，你就会坦然了，要保持达观态度。世上不会有永远美好的事物，今天你身处逆境，情绪不佳，但通过奋斗，你就可能获得成功，受人尊敬。社会是在发展变化着的，人应该适应社会，保持达观态度，对生活、对人生应充满信心。

问题小贴士：你对于上述行动力的提升方法是否认同？你经常使用哪些方法？请现在写下你的行动力修炼计划。

结语

人生规划的控制与调整

做自己人生的卓越导演
——6P定位人生规划

当我们找到了自己的使命力、定位力、信念力、选择力、行动力、目标力等6P定位人生规划的方法与技巧，接下来就该将所有的文字内容转化成一张图片（我称之为人生规划地图，见下图），因为我们每个人的潜意识不辨文字的真假，却能记住图片的内容。

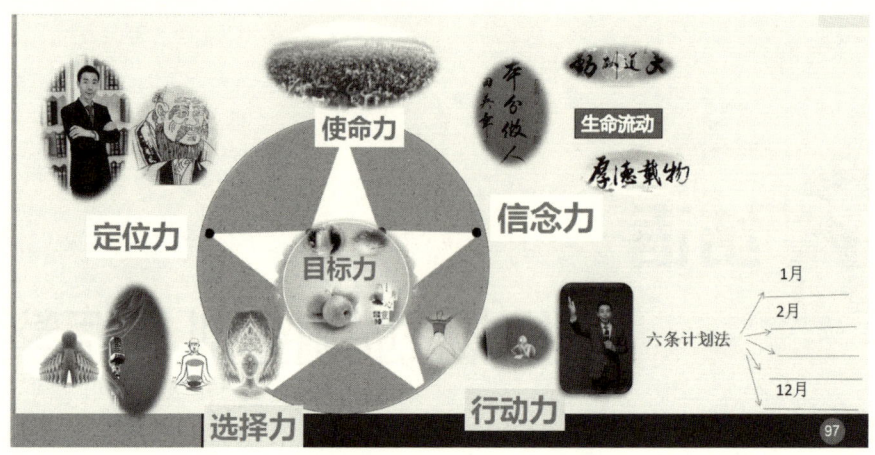

6P定位人生职业规划图

制作人生规划地图与可视化

读者游戏

请您现在马上闭上眼睛，不要想您初恋恋人的长相，睁开眼睛后，请您回答首先在潜意识里出现的图像是什么？我想一定是您的初恋恋人吧？

因此，我们要将所有的文字内容转化成图片，图片可以在网上下载，可以到一些画册上找，也可以去实地自拍，总之找到的图片代表的内容只要自己心里明白就可以，任何图片都可以根据自己的人生规划内容来下定义。比如上面我的人生规划图中的"苹果"，我代表的是拥有健康的有机食物，您也可以用实现了您的人生目标和结果等来表示。

结语 人生规划的控制与调整

我的 6P 定位人生职业规划图中：

1. 使命力处的图片代表的是：我的使命力是通过我的企业培训、演讲、著作、线上线下等直接加间接方式帮助到亿万民众获得我的正能量传播与智慧分享。

2. 我的人生定位力处的图片代表的是：我在心中认定自己做中国智慧的培训师，用老子代表智慧，自己的肖像代表培训师。

3. 我的人生信念力处的图片代表的是：本分做人，生命流动，天道酬勤，厚德载物。

4. 我的人生规划选择力：我最常用的方法有训练我的领导力、演讲力、沟通力、太极拳，心像冥想法，企业管理培训，每天进行写书、学习、听演讲等。

5. 我的人生规划行动力中最常用的行为有：吃具有天然营养免疫功能的蔬菜水果，每天进行半个小时的太极拳健康运动，心像冥想和反观修炼，以及演讲、培训、阅读和写作。

6. 我的人生规划目标力是：善于积极创造健康环境，随时随地、每时每刻都可以按照各个方面来进行修炼。天然营养方面的蔬菜水果，获得天然的日月星辰等宇宙资源，到大自然中去旅行等，来让自己保持永久的开心与快乐，过上幸福美满的生活。

我的 6P 定位人生职业规划图中，使命力、定位力和信念力基本上是固定不变的，而且一切都是围绕目标力这个核心而规划出来的，目标力按照自己的规划每年都可以优化，比如我最初目标力处贴的是台式电脑，后来是笔记本电脑、车、找美女爱人、房子、旅游、出书、给著名企业讲课等等，现在基本上都实现了，就换成了一些如健康食物、干净空气、充足阳光、旅游宝地等。

然后，我将以上文字内容简化到用一张图，就可以将其全面可视化出来。而且简单、易操作，也容易被我记住，每时每刻、随时随地闭上眼睛由于使命力的

做自己人生的卓越导演
——6P 定位人生规划

召唤、定位力的推动、信念力的坚定、都可以拉动我的行动力，让我的意识与潜意识从身心灵的角度获得全面成长。在我的身心灵中永远建立一个和谐合一的快乐地图，让我的生命在身心灵乐园中自由自在地遨游飞翔，畅享幸福和快乐人生的乐趣。

读者小贴士

请你现在就将你的人生规划图按照以上方法制作成"人生规划地图"，高度浓缩本书所有的核心内容和理念。可以挂在家里、办公室里，装在口袋里，随时提醒和督促你去进行人生目标的修炼，迈入身心灵和谐快乐的人生花园。

人生规划是人制定的，所以未必是呈一条直线的方式，而是需要在整个实现的过程中进行必要的人生规划优化，也就是人生规划的控制与调整。

所谓控制，就是将人生规划实施的结果与预定的人生目标进行比较，利用目标复盘的方法，检查两者的偏差程度，并采取有效的措施予以纠正重大偏差，以保证人生目标的实现。所谓调整，就是对人生规划的完善，是为了让人生规划更适应当前个人的意愿、能力、期望和社会环境、条件等因素的变化。

曾仕强先生说，一辈子都在选择明主，也很不妥当。我们建议趁着年轻，要用心选择明主，然后全心投入。年纪稍长，便应该专心一意，按照自己的人生规划来发展自我。若是一而再、再而三都找不到明主，表示自己的眼光不行，机运欠佳。这时候不如归隐自省，反而有助于提升自我。一再跳来跳去只会坏了自己的名声，并无多大好处。

可见，人生规划运用之妙，存乎一心啊。

最后，我用有关禅的故事与大家分享共勉，从而为本书画上一个逗号。因为句号是需要你去全心全意地长期实践训练获得的，以后就可以圆满地画上了。

结语 人生规划的控制与调整

道林禅师在树上做了一个类似鸟巢的窝屋居住其中,有人因此称他为鸟巢禅师。

诗人白居易在杭州当官时,慕名前往访视,见到禅师住在树上,便问:"大师你这样不是太危险了吗?"

鸟巢禅师:"你的处境比我更危险。"

白居易:"我有什么危险呢?"

鸟巢禅师:"你不停地起心动念,怎能说没有危险呢?"

白居易又问:"请问什么是佛法大意?"

鸟巢禅师:"诸恶莫做,众善奉行。"

白居易有些失望说:"这连三岁小孩都懂得。"

鸟巢禅师:"三岁儿童虽懂得,八十老翁行不得。"

这个故事在我这里隐喻为:在我们人生中有许多道理和方法在很小时我们或许就知道,可是到老死时,我们都不一定去真正持续行动过。而在我这本书里面有许多道理或许你知"到",而或许你不知"道",这就是许多人只知道理论知识,而不去实践训练,只知其然,不知其所以然。要想知其所以然,唯有持续进行训练和实践。所以说,人生规划目标的实现不是说出来的,是你每天持续修炼行动而来的。

问题小贴士:你的人生规划需要调整吗?你能控制人生规划的实现吗?

参考资料

[1] [美]戴尔·卡内基. 如何停止忧虑,开创人生[M]. 陈真译. 北京:中信出版社,2008.

[2] [美]里斯·特劳特. 人生犹如赛马[M]. 曹建海译. 北京:中国财经出版社,2005.

[3] [美]丹尼尔·科伊尔. 一万小时天才理论[M]. 张科丽译. 杭州:浙江人民出版社,2015.

[4] [美]安东尼·罗宾. 激发无限潜能[M]. 杨茂蒙译. 北京:光明日报出版社,2015.

[5] [美]约瑟夫·墨菲. 潜意识[M]. 吴忌寒译. 北京:光明日报出版社,2015.

[6] [澳]朗达·拜恩. 秘密. 谢明宪译[M]. 北京:中国城市出版社,2008.

名家推荐

无论你现在是在学习还是工作中,将来想过上什么样的生活,都来自于今天你对未来的规划,何老师的《做自己人生的卓越导演——6P定位人生规划》将开启你全新的人生。

——北京著名财经作家畅销书《工匠精神》作者 付守永

何老师的《做自己人生的卓越导演——6P定位人生规划》书中列举了大量读者体验游戏、人生规划案例、成功人士规划故事和实操可行的人生职业规划技巧与方法,是一本可读性极强的人生规划工具书。

——广州众行董事长 刘永中

我曾经一直是在一家国际外贸企业从事财务工作,通过何老师的职业生涯规划辅导,现在已经成长为和合企业管理培训公司的CEO。何老师的《做自己人生的卓越导演——6P定位人生规划》书中的方法与技巧非常有效。

——成都中慧和合企业培训公司CEO 何加辉

祝贺何勇明老师《做自己人生的卓越导演——6P定位人生规划》一书面世,书中的方法与技巧,实战、实用、简单易行,是生涯规划从业人员的高效工具。

——北京《前言讲座》创始人 李洪亮

感恩致谢

感谢上苍和父母赐予我生命，让我从小生长在农村的天与地之间，饱览田园风光。感谢家乡土地对我生命的养育之恩。感谢祖辈及父母的用心培养，让我的大脑和心灵软件得到大幅度的更换和升级，从而茁壮成长。感谢大自然给我生命的滋养！

感谢在培训的舞台上，得到无数朋友和老师的大力支持和关爱，让我得到不断的成长。

感谢我20世纪90年代自己创业的日子，是它让我懂得了一个人要想成就大事业，一定要学会怎样从一无所有到有的经验。

感谢对我培训过的许多恩师，是他（她）们给我不断地注入新鲜的血液，让我饱尝精神食粮而发展。

值得感谢的人和事还有很多很多。作为对他们特殊的回报方式之一，就是我要将自己通过实践验证有效的6P定位人生规划方法和技巧分享给众人，全力以赴帮助到更多的人，让他们得到正能量的滋养，快乐成长，迈向身心灵和谐的幸福成长乐园。

6P人生规划教练 何勇明

于生命流动中